OKiDOKi
DIE LERNHILFE

Spanisch
1. Lernjahr

Raingard Lötscher-Booz

Schroedel

OKiDOKi
Die Lernhilfe

Spanisch
1. Lernjahr

Raingard Lötscher-Booz

Bibliografische Information Der Deutschen Bibliothek
Die Deutsche Bibliothek verzeichnet diese Publikation in der Deutschen Nationalbibliografie; detaillierte bibliografische Daten sind im Internet über http://dnb.ddb.de abrufbar.

ISBN 3-507-22240-X

Layout: Janssen Kahlert Design & Kommunikation, Hannover
Illustrationen: Dietmar Griese, Laatzen
Satz und Lithos: KCS GmbH, Buchholz/Hamburg
Druck: Oeding Druck GmbH, Braunschweig

INHALT

OKiDOKi stellt sich vor

OKiDOKi trägt mit einer Fülle von Übungen zu mehr Sicherheit im Umgang mit der spanischen Sprache bei.
Kurze, klar strukturierte Lerneinheiten verhelfen zu motiviertem Arbeiten und führen Schritt für Schritt zum Lernerfolg.

Raingard Lötscher-Booz hat Romanistik und Germanistik studiert. Sie ist Oberstudienrätin am Lise-Meitner-Gymnasium in 79639 Grenzach-Wyhlen und unterrichtet die Fächer Spanisch, Französisch und Deutsch.

An wen richtet sich OKiDOKi?
An alle,
- die durch selbstständiges Arbeiten ihre Schulnoten verbessern wollen,
- die bereits vorhandenes Wissen auffrischen und wiederholen möchten,
- die Spaß daran haben, Neues zu lernen.

OKiDOKi, die Lernhilfe, mit der es klappt!
OKiDOKi ist die Lernhilfe mit der praktischen Lösungsklappe. Sie ermöglicht selbstständiges Arbeiten, erspart mühsames Suchen nach den Lösungen und sorgt dafür, dass sich Fehler erst gar nicht festsetzen.
So funktioniert es: Während des Übens werden die Lösungen auf der linken Seite mit der Klappe abgedeckt. Anschließend wird der Umschlag einfach wieder zurückgeklappt und die Ergebnisse können verglichen werden. Schnell und bequem.

Die folgenden Elemente begleiten dich beim Lernen und geben dir einen Überblick:

TIPP:

Im Tipp findest du Merksätze und Besonderheiten der spanischen Sprache verständlich formuliert.

Das hast du gelernt:

Am Ende eines Kapitels wird in einer Zusammenfassung das Wesentliche noch einmal festgehalten.

TEST

Schließlich kannst du zum Abschluss eines Kapitels dein Wissen in einem Test selbst überprüfen.

So, und nun an die Arbeit. Viel Erfolg!

WORTBETONUNG

Die Wortbetonung in der gesprochenen Sprache, auch Wortakzent genannt, wird in der geschriebenen Sprache manchmal, aber nicht immer, durch **eine Tilde, *una tilde,*** gekennzeichnet:
á, ó, ú, é, í. Diese wirkt auf die Betonung: Du musst dann diese Silbe betonen!

Regel 1: Trägt ein Wort eine **Tilde,** so ist **diese Silbe beim Sprechen immer betont:**

B**á**rbara y Andr**é**s est**á**n en C**á**diz, en la estaci**ó**n.

1 *Unterstreiche die betonte Silbe und lies das Wort laut:*

el tráfico
el autobús
el camión
el automóvil
el vehículo
el depósito
la estación
el andén

Kein Problem bieten dir die **einsilbigen Wörter:** Sie brauchen für die Aussprache keine Tilde, denn sie sind immer auf ihrer einzigen Silbe betont:

__E__l b__u__s __e__s d__e__ L__a__ P__a__z.
V__a__n __e__n tr__e__n.

Jetzt lernst du auch die Betonung aller mehrsilbigen Wörter ohne Tilde:
Du gehst immer **vom Wortende aus** und zählst von dort die Silben zum Wortanfang hin.

TIPP:

Teile dein Wort, z. B. bicicleta, motocicleta, automovilista *in Silben:*
bi-ci-cle-ta, mo-to-ci-cle-ta, au-to-mo-vi-li-sta *und zähle diese Silben von hinten!*

(la)			bi -	ci -	cle -	ta
(la)		mo -	to -	ci -	cle -	ta
(el)	au -	to -	mo -	vi -	li -	stra
	(6)	(5)	(4)	(3)	(2)	(1)

Vokabelhilfe zu S. 5:

la tilde (Tilde = ´ *oder* ~)
estar (sein, sich befinden)
están (sie sind)
en (in)
la estación (Bahnhof)
el bus (Bus)
ser (sein)
es (er/sie/es ist)
ir (gehen)
van (sie gehen)
el tren (Zug)
la bicicleta (Fahrrad)
la motocicleta (Motorrad)
el automovilista (Autofahrer)

Lösungen zu S. 5:

1. el tr**á**fico (Verkehr)
   el autob**ú**s (Bus)
   el cami**ó**n (Lastwagen)
   el autom**ó**vil (Auto)
   el veh**í**culo (Fahrzeug)
   el dep**ó**sito (Tank)
   la estaci**ó**n (Bahnsteig)

Vokabelhilfe zu S. 6:

el accidente (Unfall)
el plano ((Stadt-)Plan)
pasar (vorbeigehen)
correr (eilen)
andar (gehen)
reservar (reservieren)
bajar (hinuntergehen; aussteigen)
subir (hinaufgehen; einsteigen)
la terminal (Terminal)
la velocidad (Geschwindigkeit)
zigzag (zickzackförmig)
el ferrocarril (Eisenbahn)
la robustez (Kraft, Stärke)
la solidez (Haltbarkeit)
la rapidez (Geschwindigkeit)
la contraluz (Gegenlicht)
Uruguay
Paraguay
el virrey (hist.: Vizekönig: Stellvertreter des spanischen Herrschers in einer Kolonie)
el convoy (Konvoi)

Vokabelhilfe zu S. 7:

el semáforo (Verkehrsampel)
el rápido (Schnellzug)
el helicóptero (Hubschrauber)

Regel 2: **Wörter ohne Tilde** werden auf der **zweitletzten** Silbe betont, wenn sie auf **Vokal, -n** oder **-s enden.**

-Endvokal: el automovil**i**sta, el accid**e**nte, el pl**a**no, el t**a**xi

-n: p**a**san (sie gehen vorbei), c**o**rren (sie eilen)

-s: (los) automovil**i**stas, (los) accid**e**ntes, (los) pl**a**nos

Regel 3: Sie umfasst alle Wörter, die weder zu Regel 1 noch zu Regel 2 gehören: Diese Wörter werden auf der **letzten** Silbe betont.

Wörter ohne Tilde auf einer vorangehenden Silbe und **Wörter, die nicht auf Vokal, -n oder -s** enden, **werden auf der letzten Silbe betont!**

and**a**r, reserv**a**r, baj**a**r, sub**i**r, corr**e**r
la termin**a**l, la velocid**a**d, zigz**a**g, el ferrocarr**i**l

TIPP:

*Unterscheide **-s** und **-z**:*
*Alle Wörter ohne Tilde mit **Auslaut -z werden auf der letzten Silbe betont:***
la robust**e**z, la solid**e**z, la rapid**e**z, la contral**u**z

Regel 4: **Eine spezielle Familie:**
Alle Wörter, die auf ***Vokal + y*** auslauten, haben **Endbetonung:**

Est**oy**, Urugu**ay**, el virr**ey**, el conv**oy**

Es gibt auch Wörter, die auf der drittletzten Silbe betont werden

he-	li-	c**ó**p-	te-	ro
5	4	3	2	1

Diese kannst du ganz einfach erkennen: Wörter, die **auf der drittletzten Silbe betont werden,** tragen **immer** eine Tilde, folgen also immer der Regel 1.

el tr**á**fico, el sem**á**foro, el r**á**pido, el helic**ó**ptero

TIPP:

Hast du noch Mühe mit der Betonung? Dann lies die spanischen Wörter, die in diesem Kapitel vorkommen, noch einmal laut und schlage bei jeder betonten Silbe mit der Hand auf den Schreibtisch.

Das hast du gelernt:

Du kennst jetzt die Grundregeln der spanischen Betonung und kannst bereits viele Wörter fehlerfrei aussprechen.

TIPP:

*Mache erst weiter, wenn du alles bisher Gelernte wirklich gut kannst! Lege dir eine **Lernkartei** an! Schreibe die Vokabeln auf Karteikarten, auf die Vorderseite das spanische Wort, auf die Rückseite die deutsche Übersetzung. Du kannst dir auch die Begriffe aufmalen oder aus einer Zeitschrift ausschneiden und aufkleben.*

Sprachen lernt man am besten durch Sprechen. Arbeite zusammen mit einer Freundin oder einem Freund! Zu zweit lernt ihr leichter: Lest euch laut die Wörter und Sätze vor und hört euch gegenseitig die Vokabeln ab!

TEST

Benenne die hier abgebildeten Gegenstände. Achte dabei auf Rechtschreibung und Betonung. Musst du bei manchen Wörtern eine Tilde setzen?

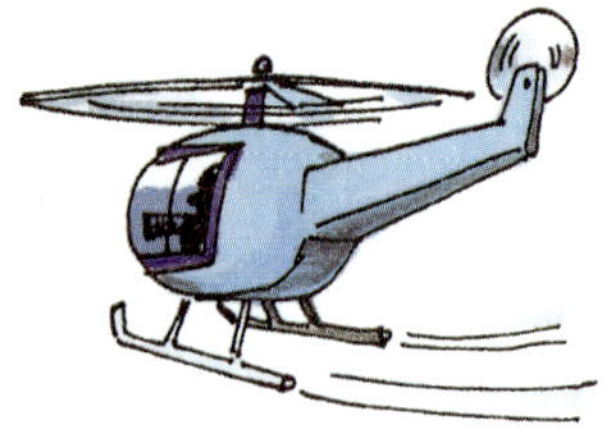

Lösungen zu S. 8:

(1) el tráfico (Verkehr)
(2) el semáforo (Ampel)
(3) el helicóptero (Hubschrauber)
(4) el convoy (Konvoi)
(5) el autobús (Bus)
(6) el camión (Lastwagen)
(7) el automóvil (Auto)
(8) el vehículo (Fahrzeug)
(9) la estación (Bahnhof)
(10) el andén (Bahnsteig)
(11) el tren (Zug)
(12) el rápido/el AVE (Schnellzug/ICE)

Vokabelhilfe zu S. 9:

el puesto de socorro (Unfallstation)
el asiento (Sitz)
el servicio (Dienst; Bedienung)
la estación de servicio (Tankstelle)
el aire (Luft)
el aceite (Öl)
el gasoil (Diesel)
voy (ich gehe) < ir
la causa (Grund, Ursache)
Europa (Europa)
el bou (Trawler)
cuatro (vier)
la vuelta (Rückkehr; Kurve)
continuo (ununterbrochen, dauernd)
el viaje (Reise)
miope (kurzsichtig)
el cuidado (Vorsicht)
la viuda (Witwe)

DIPHTHONGE UND BETONUNG

KAPITEL 2

Vielleicht macht dir die Betonung von Wörtern wie

el puesto de socorro, el asiento, la estación de servicio

Mühe, weil du nicht genau weißt, wie die Silben gezählt werden?

Der Grund deiner Unsicherheit liegt in den **Diphthongen, los diptongos, den Zwielauten,** in denen eigentlich **zwei ungleiche Halblaute stecken.** Diese bilden aber nur **eine einzige Silbe:** el p**ue**sto de socorro.

Wenn der Anfang des Zwielauts betont ist, dann wird der **zweite Teil des Zwielauts schwächer ausgesprochen.** Deshalb spricht man von **fallenden Diphthongen.**

el **a**ire, el ac**e**ite, el gas**o**il, v**o**y
la c**a**usa, **E**uropa, el b**o**u

TIPP:

y wird wie [i] ausgesprochen, es heißt „i griega", „griechisches i" (z. B. in voy).

In **steigenden Diphthongen** wird **die zweite Hälfte des Zwielauts betont.** Die erste Hälfte hörst du ähnlich wie einen Konsonanten:

cu**a**tro, la vu**e**lta, continu**o,** el vi**a**je, el asi**e**nto, mi**o**pe,
cu**i**dado (c = k ausgesprochen!), vi**u**da

TIPP:

Dass du i *wie* j *und* ú *wie* w *aussprichst, ist sehr wichtig!*

Verwechsle nicht cuidado [kwidado] mit ciudad [thjudad (th wie englisches th)]!

Hier hast du noch einen systematischen Überblick über die Diphthonge:

fallend — steigend

ai	**a**u			u**a**	i**a**
ei	**e**u			u**e**	i**e**
oi	**o**u			u**o**	i**o**
			u**i**		
			i**u**		

Auch im Deutschen gibt es übrigens viele Diphthonge *(H**a**us, R**e**ihe, **E**uropa ...)*. Nicht alle Diphthonge des Spanischen kommen gleich häufig vor. Am seltensten ist -**o**u-!

Jetzt bist du Detektivin oder Detektiv:

1. *Suche in folgenden Wörtern die Silbe mit der stärksten Betonung, also des Wortakzents:*

la correspondencia – la camioneta – el horario – el paisaje

Beachte bei diesen Wörtern, dass Diphthonge nicht unbedingt die Hauptbetonung des Wortes tragen! Ihre beiden Hälften sind aber immer ungleich stark betont: Fallend oder steigend, wie du das oben gelernt hast.

2. *Unterstreiche die jeweils stärker betonte Hälfte der Diphthonge in diesen Wörtern:*

la correspondencia – la camioneta – es horario – el paisaje

TIPP:

Achte darauf, dass ein Diphthong insgesamt eine Einheit bildet! Seine Häften leben nie allein, sondern nur zusammen. Beim Sprechen gleiten sie ineinander über.

Lies noch einmal alle Wörter laut und achte ganz besonders auf die Wortbetonung und die gute Aussprache der Diphthonge!

Üben in Ruhe und mit genügend Zeit ist ganz wichtig für den Lernerfolg!

3. *Ordne die folgenden Wörter richtig in die Tabelle auf Seite 11 unter die vorgeschriebenen Diphthonge ein.*

In den dir hier vorgegebenen Wörtern ist die betonte Hälfte des Diphthongs unterstrichen:

el puerto – Ceuta – el cuidado – el piojo – la tienda – el bou – el reino – cuando
la gaita – el residuo – la fauna – Italia – la boina – la ciudad

Lösungen zu S. 10:

1. la correspond**e**ncia (Anschluss)
   la camion**e**ta (Lieferwagen)
   el hor**a**rio (Stundenplan)
   el pais**a**je (Landschaft)
2. la correspond**e**ncia
   la cami**o**n**e**ta
   el hor**a**rio
   el p**a**is**a**je

Lösungen zu S. 11:

3. **ai** la gaita (Schalmei: typisch für Galizien)
   ei el reino (Königreich)
   oi la boina (Baskenmütze)
   au la fauna (Fauna)
   eu Ceuta
   ou el bou (Trawler)
   ui el cuidado (Vorsicht, Sorgfalt)
   iu la ciudad (Stadt)
   ua cuando (wenn, als)
   ue el puerto (Hafen)
   uo el residuo (Abfall)
   ia Italia (Italien)
   ie la tienda (Laden)
   io el piojo (Laus)
4. el pu**e**rto
   C**e**uta
   el cuid**a**do
   el pi**o**jo
   la ti**e**nda
   el b**o**u
   el r**e**ino
   cu**a**ndo
   la g**a**ita
   el res**i**duo
   la f**a**una
   It**a**lia
   la b**o**ina
   la ciud**a**d

ai	au		ua	ia
ei	eu		ue	ie
oi	ou		uo	io
		ui		
		iu		

TIPP:

Lerne jetzt die Vokabeln: Spanisch > Deutsch, dann Deutsch > Spanisch

4. *Kennzeichne die am stärksten betonte Silbe in diesen Wörtern farbig, also die Silbe, die den Wortakzent trägt:*

el puerto – Ceuta – el cuidado – el piojo – la tienda – el bou – el reino – cuando
la gaita – el residuo – la fauna – Italia – la boina – la ciudad

Diphthong oder Monophthong?

TIPP:
Ein Monophthong ist ein Einzellaut **a, e, o, u, i**

Diphthonge können Tilden tragen, aber nur auf dem ohnehin starken Teil des Zwielautes, der also auch den Wortakzent trägt:

n**á**utico, el di**á**logo, and**á**is, reserv**á**is, baj**á**is, corr**é**is

TIPP:
Achte genau darauf, auf welchen Vokal du die Tilde schreibst! Wenn du sie falsch setzen würdest, könnte man dein Wort nicht mehr verstehen!

Tilden können Diphthonge auch trennen in zwei Monophthonge, die eigenständig Silben tragen:

Getrennte Silben (Tilde!)		Diphthong	
d**í**a	d**í**-a	di**a**-rio	di**a**rio
v**í**a	v**í**-a	en-vi**a**r	envi**a**r
pa**í**s	pa-**í**s	pai-s**a**-je	pais**a**je
contin**ú**o	con-ti-n**ú**-o	con-ti-nu**a**r	continu**a**r
		con-t**i**-nuo	cont**i**nuo
re**í**rse	re-**í**r-se	r**e**i-na	r**e**ina

TIPP:
Achte darauf, getrennte Silben deutlich auszusprechen. Vergiss nicht, in den steigenden Diphthongen das i *ähnlich wie* j *auszusprechen:* diario > [dj**a**rjo], enviar > [embjar] *und das* u *ähnlich wie* w *zu artikulieren:* continuar > [kontinw**a**r], continuo > [kontinwo].

Das hast du gelernt:
Du kannst alle spanischen Wörter, auch die mit Diphthongen, korrekt aussprechen.

Vokabelhilfe zu S. 12:

náutico (nautisch)
el diálogo (Dialog)
andáis (ihr geht)
reserváis (ihr reserviert)
bajáis (ihr steigt aus)
corréis (ihr lauft)
el día (Tag)
diario (täglich)
el diario (Zeitung)
la vía (Weg; Gleis)
enviar (senden)
el país (Land)
el paisaje (Landschaft)
continúo (ich mache weiter)
continuar (weitermachen)
continuo (fortlaufend)
reírse de (lachen über)
la reina (Königin)

Vokabelhilfe zu S. 13:

caer (fallen)
la idea (Idee, Gedanke)
el caos (Chaos)
Boabdil (letzter Kalif Granadas, bis 1492)
reorganizar (umorganisieren)
el autoestopista (Anhalter)

EIN ZWIELAUT ODER ZWEI SILBEN?

KAPITEL 3

Hier betrachten wir die besonderen Laute ***a, e, o.***

Regel: **a, e** oder **o** in Kombination miteinander bilden nie einen Diphthong. Sie sind stets Einzelgänger in Silben.

Lies die folgenden Wörter in der Spalte **„Silbentrennung"** laut.
Achte auf die Wortbetonung: Sie ist fett gedruckt und liegt bei unseren Beispielen auf der letzten oder vorletzten Silbe des Wortes.

		Silbentrennung		**Eintrag im Wörterbuch**
a	**e**	ca	**e**r	caer
e	**a**	id**e**	a	la idea
a	**o**	c**a**	os	el caos
o	**a**	Bo	abd**i**l	Boabdil
e	**o**	re	organiz**a**r	reorganizar
o	**e**	auto	estop**i**sta	el autoestopista

Granada: Hier lebte bis 1492 Boabdil, der letzte Kalif Granadas.

Das hast du gelernt:
Du kannst nun alle spanischen Wörter in ihre Silben trennen und dank dieser Struktur korrekt aussprechen.

TEST

Lösungen zu S. 14:

1. el gas**ó**leo (Diesel)
   el peat**ó**n (Fußgänger)
   la secretar**í**a (Sekretariat)
   el po**e**ta (Dichter)
   el l**í**o (Durcheinander, Ärger)
   el pe**a**je (Autobahngebühr)
   limpi**a**r (reinigen)
   la secret**a**ria (Sekretärin)
   la guant**e**ra (Handschuhfach) < el gu**a**nte (Handschuh)
   el r**í**o (Fluss)
   el n**o**vio (Freund, Verlobter)
   el ma**í**z (Mais)
   contra**e**r (zusammenziehen)
   la ecolog**í**a (Ökologie, Umweltforschung)
   la ra**í**z (Wurzel; Wortstamm)
   la Gu**a**rdia Civ**i**l (spanische Landpolizei)
   emple**a**r (anstellen)
   empl**e**o (ich stelle ein)
   el empl**e**o (Stelle)
   emple**ó** (er/sie stellte an)
   levant**a**os (steht auf!) < levant**a**rse
   la autoescu**e**la (Fahrschule)
   el per**í**odo (Periode, Zeitraum)
   el peri**o**do (Periode, Zeitraum)
   peri**ó**dico (periodisch)
   el peri**ó**dico (Zeitung)
2. limpiar, la secretaria, la guantera, el novio, la Guardia, la autoescuela, el periodo, el periódico
3. **autoescuela**

1. *Trenne folgende Wörter vom Wortende ausgehend in ihre Silben auf. Kennzeichne die betonte Silbe mit dem Wortakzent.*

el gasóleo, el peatón, la secretaría, el poeta, el lío, limpiar, la secretaria, el peaje, la guantera, el río, el novio, el maíz, contraer, la ecología, la raíz, la Guardia Civil, emplear, empleo, empleó, levantaos, la autoescuela, el período, el periodo, periódico

2. *Schaffe dir einen Überblick, indem du jetzt nur die Wörter auflistest, die einen echten Diphthong haben.*

3. *Hast du das Superwort mit zwei Diphthongen entdeckt? Du hast bemerkt, dass es ein zusammengesetztes Wort ist. Als Wort der neuen technisierten Welt ist es nach englischem Wortmuster gebildet.*

TIPP:

Lerne nur fünf bis sieben Vokabeln auf einmal. Wiederhole sie in diesen kleinen Portionen, mal Spanisch>Deutsch, dann Deutsch>Spanisch. Schreibe sie nicht nur auf deine Kärtchen, sondern ein paarmal auf ein Blatt Papier.

KAPITEL 4

WORTZWILLINGE

In Kapitel 1 haben wir gesagt, dass einsilbige Wörter immer betont sind, also wegen der Betonung keine Tilde brauchen. Auch die mehrsilbigen Wörter brauchen bei regelmäßiger Betonung keine Tilde.

TIPP:
Wiederhole vielleicht noch einmal Seiten 5 und 6 mit den Ausspracheregeln 1, 2, 3 und 4.

Wenn überraschend ein solches regelmäßig betontes Wort eine Tilde trägt, so hat es immer einen Zwilling ohne Tilde:

Beide Wörter werden gleich ausgesprochen. Sie unterscheiden sich aber in ihrer Bedeutung oder in ihrer Funktion im Satz.

Pronomen, mit Tilde		**Begleiter vor Substantiv, ohne Tilde**	
tú	¿Tú vas en el coche de Ana?	**tu**	No, voy en tu turismo.
él	Hoy él va en motocicleta.	**el**	Va a visitar el pueblo.
mí	Por mí haces mucho.	**mi**	No es mi idea.
éste	Me encanta mucho éste.	**este**	Me encanta este tren.
ésta	Compro ésta.	**esta**	Compro esta bicicleta.
ése	Me gusta mucho ése.	**ese**	Me gusta mucho ese Seat.
ésa	Controlo ésa.	**esa**	Controlo esa rueda.
aquél	Aquél es mi avión.	**aquel**	¿Tomas aquel avión?
aquélla	Aquélla es mi vía.	**aquella**	¿Vas por aquella vía?

TIPP:
*Natürlich kannst du viele dieser Wörter auch im Plural verwenden. Dann gilt die Regel **„mit Tilde“** oder **„ohne Tilde“** genau gleich.*

Vokabelhilfe zu S. 15:

tú (du)
el hermano gemelo (Zwillingsbruder)
ir (gehen, hier: fahren)
vas (du gehst/fährst)
el coche (Auto)
voy (ich gehe)
el turismo (Auto)
tu turismo (dein Auto)
él (er)
va (er/sie/es geht)
la motocicleta = la moto (Motorrad)
visitar (besuchen)
el pueblo (Dorf)
por (wegen)
por mí (hier: für mich) (wörtl.: wegen mir)
hacer (tun/machen)
haces (du tust/machst)
mi idea (meine Idee)
me (mich/mir)
encantar (gefallen)
mucho (Adverb: sehr)
éste (dieser: Pronomen)
este tren (dieser Zug)
ésta (diese: Pronomen)
la bicicleta = la bici (Fahrrad)
esta bicicleta (dieses Fahrrad)
ése (dieser dort: Pronomen)
ese Seat (dieser Seat dort)
controlar (kontrollieren)
la rueda (Rad)
aquél (jener: Pronomen)
el avión (Flugzeug)
aquel avión (jenes Flugzeug)
la vía (Straße/Weg)
aquella vía (jene Straße)

Alle Fragepronomina haben eine Tilde. Ihre Wortzwillinge ohne Tilde haben eine andere Bedeutung im Satz:

1. *Übersetze.*

¿**Cómo** estás?

Bien, como siempre, regular.

¿**Dónde** vives?

En la misma ciudad donde trabajo.

¿**Cuánto** ganas?

Unos cuantos euros.

¿**Qué** me dices?

Te digo todo lo que quiero, que eres un burro.

¡**Qué** barbaridad!

Ganz unterschiedliche Bedeutung haben diese Zwillinge			
sí	ja, doch	**si**	falls
sólo	nur (Adverb)	**solo, a**	allein (Adj.)
aún	immer noch	**aun**	sogar
más	mehr	**mas**	aber
dé	geben Sie (< dar)	**de**	von

Lösungen zu S. 16:

1. Wie gehts?
   Ganz gut, wie immer.
   Wo wohnst du?
   In derselben Stadt, in der ich arbeite.
   Wie viel verdienst du?
   Ein paar Euros.
   Was sagst du zu mir?
   Ich sage dir alles, was ich will, dass du ein Esel bist.
   Na sowas!

Lösungen zu S. 17:

2. – **e**ste bus es de Madrid, pero **é**se es de Burgos. Pienso que Paco viene en aqu**é**l.
   – ¿No est**á** s**o**lo? ¿T**u** hermana viene con **é**l?
   – S**í**, ¡claro! Y vamos en m**i** coche a m**i** casa.
   – ¿Es una sorpresa s**ó**lo para m**í**? ¿Y qu**é** hago con mi bici? ¿D**ó**nde la dejo?
   – ¿**é**sta es t**u** bici? Verdad, ¿t**ú** tienes una bici? ¿Desde cu**á**ndo? ¿C**ó**mo est**á**?
   – No est**á** mal **é**sta. Pero la moto qu**e** tiene Isabel me encanta m**á**s. ¡Qu**é** lástima! M**a**s vale así.
3. Am Busbahnhof in Santander
   – Dieser Bus kommt aus Madrid, aber jener aus Burgos. Ich denke, dass Paco in jenem dort kommt.
   – Er ist nicht allein? Deine Schwester kommt mit ihm?
   – Ja, klar! Und wir fahren (dann) in meinem Auto zu mir nach Hause.
   – Ist das nur für mich eine Überraschung? Und was mache ich mit meinem Fahrrad? Wo lasse ich es?
   – Dies ist dein Fahrrad? Was, du hast ein Fahrrad? Seit wann? Wie ist es?
   – Dieses ist nicht schlecht. Aber das Motorrad, das Isabel hat, gefällt mir besser. Wie schade! Aber es geht schon so.

2. *Mit oder ohne Tilde? Bearbeite die fett gedruckten Vokale.*

En la estación de autobuses en Santander

- **E**ste bus es de Madrid, pero **e**se es de Burgos. Pienso que Paco viene en aqu**e**l.
- ¿No est**a** s**o**lo? ¿T**u** hermana viene con **e**l?
- S**i**, ¡claro! Y vamos en m**i** coche a m**i** casa.
- ¿Es una sorpresa s**o**lo para m**i**? ¿Y qu**e** hago con mi bici? ¿D**o**nde la dejo?
- ¿**E**sta es t**u** bici? Verdad, ¿t**u** tienes una bici? ¿Desde cu**a**ndo? ¿C**o**mo est**a**?
- No est**a** mal **e**sta. Pero la moto qu**e** tiene Isabel me encanta m**a**s. ¡Qu**e** lástima! M**a**s vale así.

3. *Übersetze jetzt den Test aus Aufgabe 2 ins Deutsche. Vielleicht hilft dir die Übersetzung, ein paar Tilden-Fehler auszumerzen?*

Vokabelhilfe zu S. 16:

¿cómo? (wie?)
¿dónde? (wo?)
¿cuánto? (wie viel?)
¿qué? (was)
como (wie: Vergleich)
siempre (immer)
regular (normal)
donde (dort, wo: Relativpronomen)
unos cuantos (ein paar)
el euro (Euro)
que (der/die/das: Relativpronomen)
lo que (was: Relativpronomen)
que (dass: Konjunktion)
un burro (Esel; Dummkopf)
¡qué! (was für ein/e!)
¡Qué barbaridad! (Na sowas! Was für ein Schwachsinn!)
la barbaridad (Barbarei)

Vokabelhilfe zu S. 17:

pienso (ich denke)
la casa (Haus)
la sorpresa (Überraschung)
dejar (lassen)
desde (seit)
Ana tiene (Ana hat)
vale así (schon gut/es geht so)

Un paseo por la Península Ibérica

Vokabelhilfe zu S. 19:

el norte (Norden)
el sur (Süden)
el este (Osten)
el oeste (Westen)
el nordeste (Nordost)
el noroeste (Nordwest)
el sudeste (Südost)
el sudoeste (Südwest)
la cueva (Höhle; Keller)
prehistórico, -a (prähistorisch)
el faro (Leuchtturm)
el museo (Museum)
el aeropuerto (Flugplatz)
la bahía (Buch)
la víctima (Opfer)
la Guerra Civil (Spanischer Bürgerkrieg, 1936–39)
Asturias (Asturien)
Cantabria (Katabrien)
Euskadi (País Vasco) (Baskenland)
La Cordillera Cantábrica (das kantabrische Gebirge)
Los Pirineos (Pyrenäen)
España (Spanien)
Francia (Frankreich)

Das hast du gelernt:
Du verfügst jetzt bereits über wichtige Kenntnisse des spanischen Vokabulars sowie der spanischen Schreibung und Aussprache.

TEST

Vokabelhilfe zu S. 20:

la autopista (Autobahn)
controlar (kontrollieren)
la continuación (Fortsetzung)
el tranvía (Straßenbahn)

Lösungen zu S. 20:

1. la autoescuela
   el automovilista
   el autoestopista
   el automóvil
   el autobús
2. ir en coche
   ir en avión
   ir en bici
   subir al tranvía
   subir al tren
   bajar(se) del tranvía
   bajar(se) del autobús
3. la estación
   el andén
   el viaje
   la causa
   el rápido
   el empleo
   la vía
   el control

Vokabelhilfe zu S. 21:

el baño (Bad)
el año (Jahr)
el castaño (Kastanienbaum)
pequeño -a (klein)
ñoño -a (dumm)
madrileño, a (Marider/in)
la araña (Spinne)
la castaña (Kastanie)
la montaña (Berg)
la niña (Mädchen)
la cuna (Wiege)
la cuña (Keil)
la cana (weißes Haar)
la caña (Schilf-/Zucker-Rohr)
la rana (Frosch)
la araña (Spinne)
la calle (Straße)
ella (sie) (fem. Singular)
ellos (sie) (Plural)
la silla (Stuhl)
la rodilla (Knie)
el pollo (Hühnchen)
el orgullo (Stolz)
el camello (Kamel)
llegar (ankommen)
llamar (nennen)
llamarse (heißen)
la llama (Flamme, Lama)
la llave (Schlüssel)
llorar (weinen)

En zigzag por nuestro vocabulario

1. *Finde Wörter der gleichen Struktur*

(la) **auto**pista — la ______
el ______
el ______
el ______
el ______

2. *Übersetze.*

fahren in/mit

______ coche, ______ avión, ______ bici

einsteigen in

______ tranvía, ______ tren

aussteigen aus

______ tranvía, ______ autobús

3. *Jetzt bilden wir Wortfamilien.*

continuar – la continuación

¡Sigue! Mache weiter so!

estar – ______
andar – ______
viajar – ______
causar – ______
rápido – ______
emplear – ______
enviar – ______
controlar – ______

ñ und **ll** sind zwei Laute, die wir im Deutschen nicht kennen.

Sie sind eigenständige Bestandteile des spanischen Alphabets.

TIPP:
*Hast du schon einmal **ñ** oder **ll** vergebens in einem spanischen Wörterbuch gesucht? Du findest sie nach den ihnen **verwandten n und l.***

***ñ** sprichst du so aus, als folgte ihm ein j:*
ba**ñ**o = *ausgesprochen:* [banjo]

Lies laut: año, castaño, pequeño, ñoño, madrileño
araña, castaña, montaña, niña

Unterscheide:	la cuna	la cu**ñ**a
	la cana	la ca**ñ**a
	la rana	la ara**ñ**a

TIPP:
Präge dir die richtige Schreibung ein: Espa**ña** y Alema**nia**

*Das **ll**, z. B. ca**lle,** hörst du unterschiedlich ausgesprochen:*
[calje] oder [caje]

TIPP:
ll *darfst du nie trennen!*

Lies laut: ella, ellos
silla, rodilla, pollo, orgullo, camello
llegar, llamar, llama, llave, llorar

Vokabelhilfe zu S. 22:

el socorro (Hilfe)
narrar (erzählen)
el burro (Esel)
el terror (Schrecken; Terror)
el perro (Hund)
pero (aber)
la perra (Hündin)
la pera (Birne)
ahorra (er/sie spart) (< ahorrar)
ahora (jetzt)
el carro (Karren)
caro, -a (teuer; lieb)
rubio, a (blond)
el río (Fluss)
la rana (Frosch)
innato, a (angeboren)
nato, a (geboren)
innovación (Innovation, Neuheit, Neuerung)
innecesario (unnötig)
necesario (nötig)
inmigrar (immigrieren)
inmediato, a (unverzüglich)
inmortal (unsterblich)
mortal (sterblich)
inmune (immun)
inmoral (unmoralisch, unsittlich)

Vokabelhilfe zu S. 23:

el coñac (Kognak)
la cola (Schwanz)
la coca (Koka(-blatt))
el café (Café, Kaffee)
el cacao (Kakao)
el cuco (Kuckuck)
el cumpleaños (Geburtstag)
el gol (Tor)
gordo, -a (dick)
la garantía (Garantie)
ganar (gewinnen)
gustar (gefallen)
el gusto (Geschmack; Vergnügen)
el cuaderno (Heft)
cuatro (vier)
guapo, -a (hübsch)
el agua (fem!) (Wasser)
la cuota (Quote)
cero (null)
el cine (Kino)
cien/ciento (hundert)
el cigarrillo (Zigarette)
el gerundio (Gerundium)
el giro (Drehung; Redewendung)
el gitano (Fahrender, Zigeuner)
el jefe (Chef)
Jesús (Jesus)
cocacu/gogagu/ceci/gegi (Zauberwörter)

-rr- ist ein eigenständiger Laut. Er heißt im Alphabet **„la r doble“.**
Diese **-rr-** gehören immer zusammen.
Sie werden länger ausgesrochen als das einfache **r.**

Lies laut: soco**rr**o, na**rr**ar, bu**rr**o, te**rr**or

Unterscheide:	el pe**rr**o	pero
	la pe**rr**a	la pera
	aho**rr**a	ahora
	el ca**rr**o	caro

TIPP:
Trenne immer so: pe-rro, ca-rro, a-ho-rro,
und ebenso: si-lla, or-gu-llo, po-llo, ro-di-lla

r- am Anfang eines Wortes wird auch länger ausgesprochen und hört sich gleich an wie das **-rr-.**

rubio [rrubjo], **r**ío [rrío], **r**ana [rrana]

la rana

la araña

TIPP:
Im Spanischen gibt es nur die doppelt geschriebenen Buchstaben -ll- *und* -rr-, *keine anderen!*

Ein *-nn-* findet du im Spanischen nie in eigenständigen Wörtern, sondern es handelt sich immer um Wortbildung: Das Präfix (die Vorsilbe) *„in-“* lehnt sich an und verbindet sich mit einem Wort mit *n-*.

innato (< in + nato)
innecesario (< in + necesario)

***Lies ganz genau die folgenden spanischen Wörter mit* -nm-:**

inmigrar, **in**mediato, **in**mortal, **in**mune, **in**moral

Geschriebenes c und g

vor *o, a, u* werden ausgesprochen:

c wie [k]	und	**g als [g]**
coñac, cola, coca		gol, gordo
café, cacao		garantía, ganar,
cuco, cumpleaños		gustar, gusto

TIPP:

Übe diese Aussprache mit Diphthongen:

cua wie [kwa]	cuaderno, cuando, cuatro
gua wie [gwa]	guante, guapo, agua
cuo wie [kwo]	cuota

co-ca-cu [ka-ko-ku]	**go-ga-gu** [ga-go-gu]
ce-ci [*the-thi*]	**ge-gi** [*che-chi*]

Vor *e oder i* hörst du **c** und **g anders:**

c wie **[*th*** (englisch)**]** und	g **[ch]**
cero [*th***e**ro]	Gerona [ch**e**rona]
cine [*th***i**ne]	gerundio [cher**u**ndjo]
cien [*th*j**e**n]	giro [ch**i**ro]
cigarrillo [*th*igarr**i**ljo]	gitano [chitano]

TIPP:

Manche Wörter schreibt man ganz unlogisch mit ***je*** *oder* ***ji:***
jefe, Jesús, Jijona

Jetzt gehen wir von der Aussprache zur Schreibung:

el oído

Hörst du ein **[k]** vor **-e** oder **-i,** dann wird dieses als **qu-** geschrieben.

Hörst du ein **[g]** vor **-e** oder **-i**, dann wird dieses als **gu-** geschrieben.

qu als **[k] gesprochen:**	**gu** als **[g] gesprochen:**
querer	guerra
quedar	guerrilla
quitar	guitarra
¿quién?	guía

que-qui
[ke-ki]

zo-za-zu
[*tho-tha-thu*]

gue-gui
[ge-gi]

jo-ja-ju
[*cho-cha-chu*]

Hörst du ein **[th]** vor **-o, -a** oder **-u,** dann wird dieses als **z- geschrieben.**

Hörst du ein **[ch]** vor **-o, -a** oder **-u,** dann wird dieses als **j- geschrieben.**

Z als **[th] gesprochen:**	**j** als **[ch] gesprochen:**
zorro	José
Zarzuela	Javier, Javi
azúcar	junio

TIPP:

- *Am besten sprichst du häufig diese Wörter laut.*
- *Übe Seite 23 und 24 nur abschnittweise.*
- *Mache nach jedem Abschnitt eine kleine Pause und sage dir die Wörter auswendig vor.*
- *Alle diese Rechtschreibungen sind wichtig als Vorbereitung für die Verbkonjugation.*

Vokabelhilfe zu S. 24:

el oído (Ohr, Gehör)
querer (gern haben, lieben)
la guerra (Krieg)
quedar (bleiben)
la guerrilla (Guerilla(krieg))
quitar (wegnehmen)
la guitarra (Gitarre)
¿quién? (wer?)
el guía (Führer)
la guía (Führerin; Reiseführer(Buch))
quequi/guegui/zozazu/jojaju (Zauberwörter)
Zarzuela (s. S. 26 unten)
el zorro (Fuchs)
José (Josef)
Javier (Xaver)
Javi (Xavi)
el azúcar (Zucker)
el junio (Juni)

Vokabelhilfe zu S. 25:

el frac (Frack)
el maíz (Mais)
la luz (Licht)
mucho, -a (viel)
el chico (Junge)
la chica (Mädchen)
macho (männlich)
machista (macho(haft))
la hora (Stunde)
ahora (jetzt)
el alcohol (Alkohol)
el hotel (Hotel)
el queso (Käse)
ahí (dort)
el manchego (span. Käse)

Am Wortende ist immer ein geschriebenes **-c** als **[k]** gesprochen *coñac, frac*

-z als **[th]** gesprochen *maíz, luz*

ch gilt im Spanischen als ein einziger Laut.
Er wird wie deutsch **[tsch]** ausgesprochen.

mucho, chico, chica, macho, machista

h Geschriebenes **h** musst du bei der Aussprache vergessen:
Es wird nie gesprochen!

hora = ausgesprochen [ora] = 2 Silben: [o-ra]
ahora = ausgesprochen [aora] = 3 Silben: [a-o-ra]
alcohol = ausgesprochen [alcool] = 3 Silben: [al-co-ol]

TIPP:

Alle Eigennamen werden groß geschrieben: Don Quijote de la Mancha.
¡Qué queso, el manchego!

Don Quijote de la Mancha
ahora está en Cuenca,
una ciudad bonita de España.

TEST

Lösungen zu S. 26 und 27:

1. ***[tsch]***
la mu**ch**a**ch**a (Mädchen)
la **ch**a**ch**a (Dienstmädchen)
la Man**ch**a
el man**ch**ego
el ba**ch**illerato (entspr.: Kursstufe Gymnasium)
[th]
Zaragoza
Zamora
Beatri**z** (Beatrix)
el **z**umo (Saft)
Cecilia (Cäcilia)
el **z**igzag (Zickzack)
[k]
Don **Qu**ijote
el Júcar
el **qu**i**qu**iri**qu**í (Kikeriki)
el Guadal**qu**ivir
el **c**aimán (Kaiman; Schlauberger)
[ch]
Don Qui**j**ote
el Ta**j**o
el **J**úcar
gigante (riesig)
el **j**ob (Job)
[g]
Zara**g**oza
gi**g**ante
gaita
grande
zigza**g**

Vokabelhilfe zu S. 27:

la perla (Perle)
blanco, a (weiß)
la Giralda (Name: maurischer Turm)
la catedral (Kathedrale)
el alcázar (maurische Burg, Schloss)
árabe (arabisch)

1. *Ordne diese Wörter nach den gesprochenen Lauten in die folgenden Kästchen!*

Mancha – Don Quijote – grande – Zaragoza – gigante – Cecilia – manchego
quiquiriquí – bachillerato – Júcar – Chacha – caimán – Guadalquivir – zigzag
muchacha – Tajo – gaita – Zamora – job – Beatriz – zumo

churros con **ch**ocolate

[tsch]

TIPP:

*Genieße in Spanien die Köstlichkeiten des Landes: **churros** sind frittiertes Spritzgebäck aus Brandteig. Sie werden vor dem Verzehr in die dickflüssige **chocolate** eingetunkt.*

Zar**z**uela

[th]		

TIPP:

„La Zarzuela" *heißt der Palast nördlich von Madrid, in dem der jetzige König mit seiner Familie residiert.* ***„Zarzuela"*** *ist auch die Bezeichnung der spanischen Operette, die aus einem Theaterstück in diesem Palast „Zarzuela" ihren Ursprung fand. Und* ***„una zarzuela"*** *ist ein typisches spanisches Fischgericht aus verschiedenen Fischen in speziellem Sud.*

Cádiz, la perla blanca en el Atlántico

[*k*]

la Giralda de la catedral de Sevilla

[*ch*]

Granada con la Alhambra, el alcázar árabe

[*g*]

TEST

Vokabelhilfe zu S. 28:

el alcázar (Burg, Schloss der Mauren)

Lösungen zu S. 28:

2. **Los ríos de España**
   (1) Miño
   (2) Duero
   (3) Tormes
   (4) Tajo
   (5) Ebro
   (6) Turia
   (7) Júcar
   (8) Segura
   (9) Guadiana
   (10) Guadalquivir
   Unas ciudades
   (a) Gerona
   (b) Zaragoza
   (c) Zamora
   (d) Alcalá
   (e) Badajoz
   (f) Cuenca
   (g) Jijona
   (h) Cádiz
   (i) Sevilla
   (j) Granada
   (k) Ceuta
   (l) Melilla

Vokabelhilfe zu S. 29:

tú (du)
vosotros (ihr)
ahora (jetzt)
ayer (gestern)
realmente (wirklich, in Wirklichkeit)
quizás (vielleicht)

Los ríos de España y unos ciudades

2. *Ordne die Flüsse und Städte den Zahlen und Buchstaben auf der Karte zu.*

ríos:

Miño ( )	Ebro ( )	Duero ( )	Tormes ( )	Tajo ( )
Turia ( )	Júcar ( )	Segura ( )	Guadalquivir ( )	Guadiana ( )

ciudades:

Gerona ( )	Zamora ( )	Cuenca ( )	Jijona ( )	Zaragoza ( )
Alcalá ( )	Cádiz ( )	Badajoz ( )	Sevilla ( )	Granada ( )
Ceuta ( )	Melilla ( )			

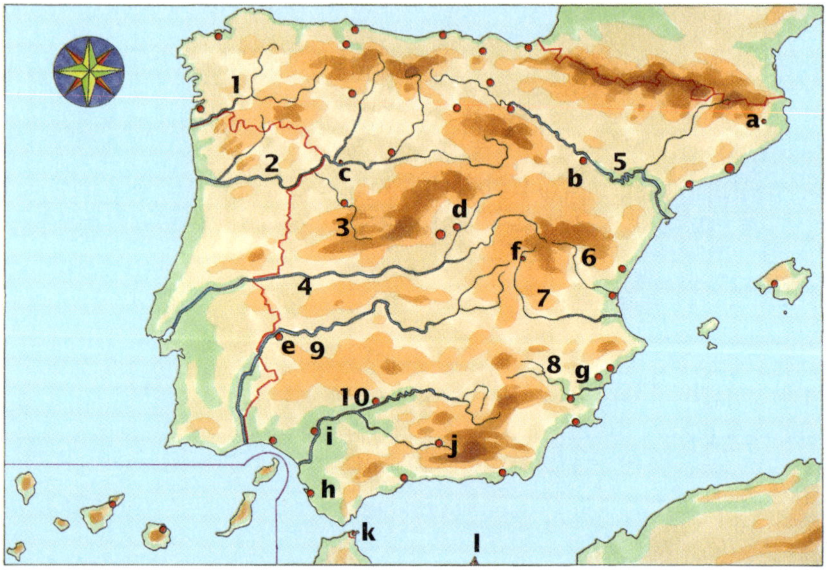

TIPP:

*Weißt du, woher das Wort **„guadi“** kommt? Von „Wadi“, dem arabischen Wort für „Bach“. Weil Araber von 711 bis 1492 große Teile Spaniens, vor allem den Süden, beherrschten, umfasst der spanische Wortschatz viele arabische Wörter.*

Das hast du gelernt:
Schwierige Schreibungen sind kein Problem mehr für dich. Außerdem hast du auch schon viel über Spanien erfahren.

tú/du – vosotros/ihr

Person

Numerus

Tempus

ahora
ayer

Modus

realmente
quizás

Handlungsart:
Aktiv und Passiv

Canto una zarzuela.
Una zarzuela
– se canta.
– es cantada.

In diesem Kapitel verfestigen wir die Kenntnisse über die Verbkonjugation. Bevor wir die einzelnen Verbformen erarbeiten, wollen wir das deutsche und das spanische System vergleichen.

Sowohl im Deutschen als auch im Spanischen sind in einem Wörterbuch alle Verben in ihrer Infinitivform eingetragen. Verwendet man diese Verben als Prädikate in einem Satz, so müssen sie verändert, konjugiert, werden. Dadurch werden zusätzliche Informationen mitgeteilt:

1. Die **Person**, die eine Handlung ausführt:
   Wer tut etwas?

2. Der **Numerus**, das ist die Zahl der Handelnden:
   Wie viele tun etwas?

Eine passende Antwort kann hier lauten:

Du prüf**st**.	=	Examin**as**.
Ihr prüf**t**.	=	Examin**áis**.

In der Gegenüberstellung erkennst du: Das Deutsche drückt *Person* und *Numerus* immer doppelt aus: Hier sowohl durch das Personalpronomen (*du* bzw. *ihr*) als auch gleichzeitig durch die Endung des konjugierten Verbs (*-st* bzw. *-t*). Im Spanischen reicht einzig und allein die Endung (*-as* bzw. *-áis*).

Das konjugierte Verb drückt noch mehr aus:

3. Die Zeit, das **Tempus**:
   Wann prüfst du?
   Z. B. in der Zukunft?

Du **wirst** prüf**en**.	=	Examin**arás**.

4. Die Wirklichkeit, Möglichkeit oder Unwirklichkeit, den **Modus**:
   Nehmen wir an, dass du nicht wirklich prüfst:

Du **würdest** prüf**en**.	=	Examin**arías**.

Im Deutschen verwenden wir hier sogar ein Hilfsverb, *werden*, mit dem Infinitiv *prüfen*, während das Spanische die ganze Information in der Endung (*-arás* bzw. *-arías*) einer Verbform bündelt.

Das hast du gelernt:
Das Deutsche und Spanische benutzen unterschiedliche Strukturen bei der Konjugation des Verbs: Das Deutsche drückt die Information in mehreren Wörtern aus, während das Spanische zu einer kompakten Struktur neigt.

Vokabelhilfe zu S. 31:

bailar (tanzen)
salir (ausgehen)
buscar (suchen)
beber (trinken)
traducir (übersetzen)

Lösungen zu S. 31:

1. buscamos
   buscáis
   bebemos
   bebéis
   traducimos
   traducís

1. und 2. Person Plural des Präsens Indikativ

Der kürzeste Satz im Spanischen besteht nur aus einem einzigen Satzteil, dem **Prädikat.**

Das Subjekt, also die Handelnden, erkennt man aus der Endung. Deren richtige Form ergibt sich aus dem Infinitiv:

bail**ar**	corr**er**	sal**ir**	
↓	↓	↓	
bail**amos**	corr**emos**	sal**imos**	*„**wir** tanzen/eilen/gehen aus"*
bail**áis**	corr**éis**	sal**ís**	*„**ihr** tanzt/eilt/geht aus"*

TIPP:

In der 1. und 2. Person Plural des Präsens ist die Endung immer betont:
-**a**mos/-**e**mos/-**i**mos.
In der 2. Person Plural steht außerdem immer die Tilde:
áis/**é**is/**í**s.
*Der betonte Vokal dieser Pluralformen passt exakt zur Infinitiv-Endung auf **-a-**, **-e-**, **-i-**.*

1. *Ergänze die fehlenden Formen der 1. und 2. Person Plural (wir ..., ihr ...):*

-amos/-áis	< -ar		buscar
-emos/-éis	< -er		beber
-imos/-ís	< -ir		traducir

Vokabelhilfe zu S. 32:

estar (sein/sich befinden)
vivir (leben)
desayunar (frühstücken)
visitar (besichtigen)
tener (haben)
hacer (machen)
comer (zu Mittag essen)
tomar (nehmen)
querer (gern haben)
hallar (finden)
pasar (verbringen)
cenar (zu Abend essen)
cerca de (nahe bei)
el barrio (Stadtviertel)
gótico, -a (gotisch)
la prisa (Eile) > tener prisa
por la tarde (nachmittags)
la obra (Werk)
casi (fast)
el parque (Park)
maravilloso, -a (wunderbar)
al fin (schließlich)
catalán, catalana (katalanisch)
el lado (Seite)
al lado de (neben)
viejo, -a (alt)
ver (sehen)
oír (hören)

Lösungen zu S. 32:

2. Est**a**mos/Est**á**is
   Viv**i**mos/Viv**í**s
   Desayun**a**mos/Desayun**á**is
   visit**a**mos/visit**á**is
   ten**e**mos/ten**é**is
   Hac**e**mos/Hac**é**is
   com**e**mos/com**é**is
   tom**a**mos/tom**á**is
   visit**a**mos/visit**á**is
   quer**e**mos/quer**é**is
   hall**a**mos/hall**á**is
   Pas**a**mos/pas**á**is
   cen**a**mos/cen**á**is
3. Alle Einsilber werden ohne Tilde geschrieben:
   veis, vais
   o und i bilden hier zwei Silben, was durch die Tilde gekennzeichnet wird:
   o-ímos
   o-ís
   o-ír

2. *Schreibe passende Verben, die du in der rechten Spalte von Seite 33 findest, in der 1. und 2. Person Plural („wir .../ihr ...") in den Text. Kennzeichne den betonten Vokal im Prädikat farbig.*

Estamos / Estáis en Barcelona.

_____ / _____ en un pequeño hotel cerca de la Plaza de España.

_____ / _____ en un bar.

Después _____ / _____ el barrio gótico.

No _____ / _____ prisa.

_____ / _____ una pequeña pausa, pero _____ / _____ sólo poco.

Por la tarde _____ / _____ un café en las Ramblas.

Después _____ / _____ las obras de Gaudí; _____ / _____ mucho sus casas interesantes y la Sagrada Familia, pero casi no _____ / _____ el Parque Güell.

_____ / _____ un día maravilloso. Al fin _____ / _____ en un restaurante catalán al lado del puerto viejo.

3. *Lies folgende Verbformen laut und überlege, warum die unterstrichenen Formen so geschrieben werden:*

vemos/veis
vamos/vais
oímos/oís < oír

Die Verbformen des Singular und die 3. Person Plural des Präsens Indikativ

-o (ich)

busco < buscar

como < comer

vivo < vivir

TIPP:
Die 1. Person Singular Präsens Indikativ hat immer die Endung ***-o.***

Alle weiteren Formen leiten sich vom Infinitiv ab:

-a- bleibt immer erhalten.

	busc	**ar**	
2. Singular	busc	**as**	du suchst
3. Singular	busc	**a**	er / sie / es } sucht Sie suchen (eine Person, Höflichkeitsform Singular)
3. Plural	busc	**an**	sie suchen Sie suchen (mehrere Personen, Höflichkeitsform Plural)

TIPP:
Spreche diese Formen laut und achte auf den Wortakzent:
- **bus**cas
- **bus**ca
- **bus**can

Vokabelhilfe zu S. 34:

leer (lesen)
el periódico (die Zeitung)
trabajar (arbeiten)
la leche (die Milch)
el café con leche (Kaffee mit Milch)
el bollo (süßes Teilchen)
la naranjada (Orangensaft)

TIPP:

In wenigen spanischen Wörtern findet man die Schreibung ***-ü-****. Dann ist das* ***u vor*** *dem folgenden Vokal nicht stumm, sondern bildet mit diesem einen Diphthong:*
El parque Güell [el parke gwel], aber: Guernica [Gernika]

Die Verben auf -er und -ir im Präsens:

TIPP:

*Dass die 1. Person Singular in allen 3 Verbgruppen auf **-o** endet, weißt du. Auch in der 2. und 3. Person Singular und in der 3. Person Plural haben die **Verben auf -er und -ir** die gleiche Endung:*

	com**e**r viv**i**r		
2. Singular	-es	c**o**mes v**i**ves	du isst/lebst
3. Singular	-e	c**o**me v**i**ve	er, sie, es } isst/lebt Sie essen/leben (1. Person, Höflichkeitsform Singular)
3. Plural	-en	c**o**men v**i**ven	sie essen/leben Sie essen/leben (mehrere Personen, Höflichkeitsform Plural)

Das hast du bisher über die Verben gelernt:
Im Spanischen zeigt das konjugierte Verb mehr an als im Deutschen: Du siehst und hörst durch die Endung auch, wer handelt. Sehr wichtig ist, dass du die Verbformen korrekt formulierst und den Wortakzent richtig setzt. Nur so kannst du dich verständlich ausdrücken.
canta = er/sie/es singt, canto = ich singe, cantó = er/sie/es sang

TEST

Vokabelhilfe zu S. 36:

tarde (spät)
la alegría (Freude)

Lösungen zu S. 36:

1. vivo
   vives
   desayuno
   desayunas
   visito
   visitas
   haces
   como
   comes
   tomo
   tomas
   ceno
   cenas
   canto
   cantas
2. vive
   desayuna
   visita
   hace
   come
   toma
   cena
   canta

Vokabelhilfe zu S. 37:

levantarse (aufstehen, sich erheben)
ducharse (sich duschen)
afeitarse (sich rasieren)
arreglarse (sich zurechtmachen)
maquillarse (sich schminken)
aburrirse (sich langweilen)
irse (weggehen)
escaparse (entkommen)

1. *Finde zu jeder Pluralform die entsprechende Person im Singular: Sprich laut, schreibe dann dein Prädikat und kennzeichne den betonten Vokal.*

En casa con muchos compañeros

Okidoki solo

escuchamos música	escucho música
vivimos bien	
vivís	vives
desayunamos	
desayunáis	
visitamos la ciudad	
visitáis	
hacéis una fiesta	
comemos una tortilla	
coméis	
tomamos el manchego	
tomáis	
cenamos tarde	
cenáis	
cantamos con alegría	
cantáis	

2. *Übe nun die 3. Person Singular mit den oben aufgeführten Verben:*

Okidoki escucha música , ________ ,
________ , ________ ,
________ , ________ ,
________ , ________ ,
____

levantarse/ducharse/afeitarse/arreglarse/maquillarse/irse de casa

TIPP:

Das ***Reflexivpronomen*** *findest du so:*

- *Dem* **konjugierten Verb** *wird es vorangestellt*
  me aburro
  te aburres
  se aburre
  nos aburrimos
  os aburrís
  se aburren
- *An den* **Infinitiv** *wird es angehängt, alles in einem Wort geschrieben:*
  ir**se**
  escapar**se**

TEST

Vokabelhilfe zu S. 38/39:

delante de (vor)
la luz roja (Rotlicht)
el paso cebra (Zebrastreifen)
el chófer (Fahrer)
para (+ Infinitiv) (um ... zu)
el peligro (Gefahr)
la carretera (Straße)
ruidoso, -a (laut)
volver (zurückkehren)
los almacenes (Kaufhäuser)
abrazarse (sich umarmen)
el beso (Kuss)
darse (sich geben)
(1) la fuente (Brunnen)
(2) el paseo (Avenue)
la circulación (Verkehr)
(3) la ambulancia (Krankenwagen)
(4) los bomberos (Feuerwehr)
(5) el ciclista (Radfahrer)
(6) el motociclista (Motorradfahrer)
(7) el automovilista (Autofahrer)
(8) el peatón (Fußgänger)
(9) el perro (Hund)
(10) la cuerda (Leine)
(11) el cochecito (Kinderwagen)
(12) la bolsa (de compra) (Einkaufstasche)

Lösungen zu S. 38:

1. (1) se acercan
   (2) semáforo
   (3) se para
   (4) se llama
   (5) corren
   (6) se miran/se saludan
   (7) se saludan/se miran
   (8) corren
   (9) cruzar
   (10) Se alejan

Lösungen zu S. 39:

2. (1) acercamos
   (2) nos alejamos
   (3) corremos
   (4) Cruzamos
   (5) nos llamamos
   (6) nos miramos
   (7) nos paramos
   (8) abrazarnos
   (9) darnos

1. *Auf der Straße gibt es einiges zu beobachten. Verwende die folgenden Verben, um die Lücken unten im Text zu füllen.*

acercarse a (sich nähern) – alejarse de (sich entfernen) – correr (eilen)
cruzar (überqueren) – llamarse (heißen) – mirarse (sich ansehen)
pararse (anhalten) – saludarse (sich grüßen)

Dos coches rojos ________ (1) a un ________ (2). El coche verde ________ (3) delante de la luz roja; su chófer ________ (4) Pepe. Muchas personas ________ (5) por el paso cebra: No ________ (6) mucho, no ________ (7). Todos ________ (8) para ________ (9) sin peligro esta carretera. ________ (10) de esta plaza ruidosa para ir al trabajo o para volver a casa.

TEST

2. *Schreibe mit den Verben von Aufgabe 1 in der gegebenen Reihenfolge eine kleine Geschichte in der 1. Person Plural:*

Damos paseo en el centro de la ciudad. Nos __________ (1) más y más a los grandes almacenes y __________ (2) bastante del colegio. No __________ (3). __________ (4) con toda paciencia la plaza. __________ (5) Sofía y Paco. __________ (6) enamorados y __________ (7) muchas veces para __________ (abrazarse) (8) y __________ (darse) (9) un beso.

¡Qué ruido! ¡Qué plaza ruidosa!

TEST

La vida social: ¿Conoces los verbos?

3. *Erinnerst du dich an die Verben? Ordne die Verben den Situationen zu.*

perdonar(se) – saludarse/darse la mano/abrazarse– irse de casa
levantarse – despedirse – entenderse bien/divertirse – casarse – dormirse
despertarse – arreglarse – pasearse – enamorarse – chocarse – acostarse

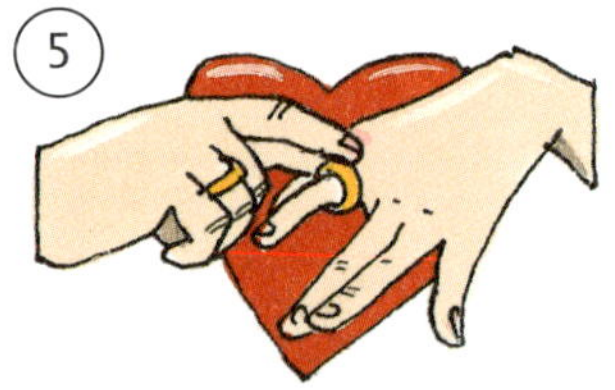

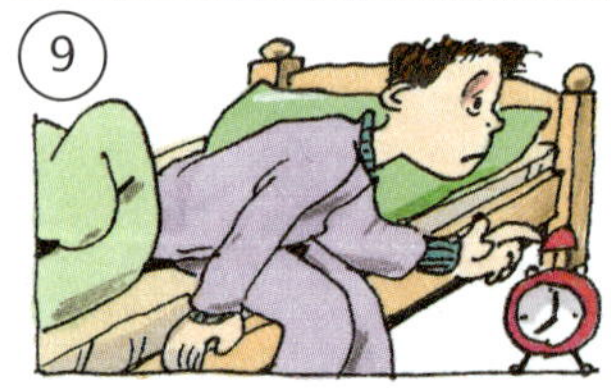

Lösungen zu S. 40:

3. (1) saludarse/darse la mano/abrazarse
   (2) despedirse
   (3) entenderse bien/divertir-se
   (4) enamorarse
   (5) casarse
   (6) acostarse
   (7) dormirse
   (8) despertarse
   (9) levantarse
   (10) arreglarse
   (11) irse de casa
   (12) pasearse
   (13) chocarse
   (14) perdonar(se)

Vokabelhilfe zu S. 41:

ir (gehen)
poder (können)
comenzar (beginnen)

UNREGELMÄSSIGE VERBEN IM PRÄSENS

Du weißt, dass es auch im Spanischen unregelmäßige Verben gibt. Eines, das Verb ***ir,*** hast du schon in mehreren seiner Formen kennengelernt.

Füge die Formen ein, die du bereits kennst:

ir
vas
va
van

Weitere unregelmäßige Verben sind z. B.

(1) poder > puedo
> podemos

(2) comenzar > comienzo
> comenzamos

(3) despedirse > me despido
> nos despedimos

TIPP:

Nur ganz wenige Verben des Spanischen sind derart unregelmäßig wie das Verb ir.
Erkennst du bei (1), (2) und (3), dass die Unregelmäßigkeit gar nicht so schwierig zu ergründen ist?
Wodurch könnte diese Unregelmäßigkeit bewirkt werden? Sprich für deine Überlegungen die einzelnen Gruppen laut!

¡ENCUENTRA! ¡COMIENZA!

Eine Gruppe unregelmäßiger spanischer Verben ändert systematisch den Stammvokal aufgrund der BETONUNG

Monophthong

Diphthong

TIPP:

*Deine Betonung wirkt wie die Axt: Der Monophthong o wird unter Betonung zum Diphthong u**e**, entsprechend wird e zu i**e**.*

1. *Ergänze die Paradigmen gemäß dem Tipp:*

poder	comenzar
p ___ do	com ___ nzo
p ___ des	com ___ nzas
p ___ de	com ___ nza
podemos	comenzamos
podéis	comenzáis
p ___ den	com ___ nzan

TIPP:

Nur durch lautes Sprechen mit richtiger Wortbetonung kannst du dir die Verben dieser Konjugationsklassen einprägen.
Hast du sie alle auf deine Grammatik-Kärtchen geschrieben?

Lösungen zu S. 42:

1. pu**e**do
   pu**e**des
   pu**e**de
   pu**e**den
   comi**e**nzo
   comi**e**nzas
   comi**e**nza
   comi**e**nzan

Vokabelhilfe zu S. 43/44:

contar (zählen/erzählen)
acostar(se) ((sich) hinlegen))
costar (kosten)
volver (zurückkehren)
doler (schmerzen)
encontrar (finden)
morder (beißen)
morir (sterben)
mover(se) ((sich) bewegen))
soler (hacer algo) ((pflegen (etwas zu tun), normalerweise (etwas tun))

Lösungen zu S. 43:

2. se acuesta
   se acuestan
   cuesta
   cuestan
   vuelve
   vuelven
   duele
   duelen
   encuentra
   encuentran
   muerde
   muerden
   muere
   mueren
   se mueve
   se mueven
   suele
   suelen

o > ue

2. *Übe diese Verben, sprich dabei laut. Arbeite immer waagrecht: zuerst die 3. Person Singular und dann die 3. Person Plural des gleichen Verbs. Achte auf die Betonung und kennzeichne den starken Vokal besonders.*

contar	> cuenta	> cuentan
acostar(se)	> se	> se
costar	>	>
volver	>	>
doler	>	>
encontrar	>	>
morder	>	>
morir	>	>
mover(se)	>	>
soler	>	>

TIPP:

Du kannst die Verben oben zudecken und selbst testen, welche dir in Erinnerung geblieben sind.

Vokabelhilfe zu S. 44:

la ayuda (Hilfe)
contigo (mit dir)
la entrada (Eintritt)
un dineral (eine Menge Geld)
tarde (spät)
los abuelos (Großeltern)
la cabeza (Kopf)
el pie (Fuß)
amable (nett)
el miedo (Angst)

Lösungen zu S. 44:

3. Cuento
   contamos
   cuentan
   cuesta
   cuestan
   te acuestas
   nos acostamos
   os acostáis
   se acuestan
   duele
   duelen
   muerde
   muerden
   suelo
   me muevo
   soléis

Vokabelhilfe zu S. 45:

estar de vacaciones (in Ferien sein)
lo pasamos muy bien (Es gefällt uns gut)
a la una (um 1 Uhr)
al contrario de (im Gegenteil zu)
el ritmo (Rhythmus)
el yoga (Yoga)
sentarse (sich setzen)
la arena (Sand)
la salida del sol (Sonnenaufgang)
el asunto (Angelegenheit)
ridículo, -a (lächerlich)
la persiana (Rolladen)
el corazón (Herz)
la primavera (Frühling)
hacia (gegen)
la medianoche (Mitternacht)
ir de bares (auf Kneipentour gehen)

Lösungen zu S. 45:

4. Comienzan
   empiezan
   se sientan
   recomiendan
   pierdo
   me divierto
   cierro
   prefiero

3. *Setze die richtige Form ein. Lies zunächst das Vokabular in der linken Spalte: Viele Wörter kennst du sicherlich schon. Fülle nun die Lücken sinnvoll mit den auf Seite 43 gelernten Verben in der passenden Form.*

C ____ nto con tu ayuda,

todos c ____ tamos con tu ayuda,

mis compañeros ____________ también contigo.

La entrada c ____ sta mucho, pero

estas entradas ____________ un dineral.

¿A qué hora te ac ____ stas?

Nos ____________ tarde,

y os ____________ tarde también.

Mis abuelos ____________ a las nueve.

Me d ____ le la cabeza, no me ____________ los pies.

El perro de Luis m ____ rde,

pero los perros de Santiago son amables: nunca

____

S ____ lo dar paseo sin perro, me m ____ vo sin miedo.

¿Por qué s ____ léis dar paseo siempre con un perro?

TIPP:

Hast du deine Grammatik-Kärtchen ergänzt?
Bei unregelmäßigen Verben kannst du den Infinitiv auf der Vorderseite und die konjugierten Formen auf die Rückseite schreiben.

e > ie

4. *Suche die Verben, die unter Betonung den Diphthong* -ie- *haben, und liste sie unten auf.*

Hola, queridos Sofía y Paco:

¡Al fin estamos de vacaciones! Lo pasamos muy bien. Los días comienzan sólo a la una, todo al contrario del ritmo de mis padres: Papá y mamá empiezan el día con yoga en la playa y se sientan en la arena fría para mirar la salida del sol. Me recomiendan lo mismo. Pero no pierdo el tiempo por estos asuntos ridículos. Me divierto mucho en casa. Me levanto a las dos, cierro bien las persianas y prefiero ver „Corazón de primavera“ en la tele. Hacia medianoche voy con mis compañeros de bares.

Un abrazo fuerte desde Conil

Isa

5. *Liste die Verben, die du in Aufgabe 4, S. 45, gefunden hast, in der gegebenen Reihenfolge im Infinitiv auf. Einige Verben sind schon eingefügt.*

	(beginnen)
	(beginnen)
	(sich setzen)
	(empfehlen)
perder	(verlieren; verpassen)
divertirse	(sich amüsieren)
	(schließen)
preferir	(vorziehen)

Zu diesen Verben gehören auch:

referirse a (sich beziehen auf) – „Me refiero a la pregunta de Carlos."

mentir (lügen) – „Nunca miento."

sentarse (sich setzen)

TIPP:

Ergänze deine Grammatik-Kartei! Wenn du mit Farben arbeitest und laut sprichst, ist dein Lernerfolg garantiert.

Das hast du gelernt:
*Du hast die Verben gelernt, die unter Betonung den Stammvokal zu -u**e**- oder -i**e**- diphthongieren.*

Lösungen zu S. 46:

5. comenzar
   empezar
   sentarse
   recomendar
   cerrar

Vokabelhilfe zu S. 47:

el asiento (der Sitz)
el comienzo (der Anfang)
la mentira (die Lüge)
la cuenta (die Rechnung)

TIPP:

Manchmal triffst di in einem Text auf ein Verb, das du so im Wörterbuch nicht findest. Ein guter Tipp ist dann, dieses Verb bei den unregelmäßigen Verben im alphabetischen Anhang zu suchen oder selbst kreativ zu sein: Du verwandelst den Diphthong in den dazugehörenden Monophthong. Z. B. vuelo: Aus vuel- *machst du* vol-, *dann das Verb* volar.
Natürlich brauchst du zu dieser Detektivarbeit nicht nur Geduld, sondern auch das Wissen dieses OKiDOKi-Kapitels.
Auch aus dir bekannten Substantiven oder Adjektiven kannst du die Bedeutung eines ähnlich klingenden Verbs erschließen. Diese Wörter gehören dann zur gleichen Wortfamilie. Sie haben einen gemeinsamen Stamm, la raíz, *der sich der Betonung anpasst, z. B.:*

cerrar > el encierro

sentarse > el asiento

> estar sentado, a

TIPP:

Verwechsle nicht sentar und sentir:
sentar – sitzen
sentir – bedauern, fühlen

comenzar > el comienzo

mentir > la mentira > mentiroso, -a

referir(se) > la referencia

Por favor, ¡la cuenta!

la cuenta < contar

TIPP:

Hast du schon einmal beachtet, wie reichhaltig die spanische Wortbildung ist? In Zusammenhängen prägst du dir Wörter nachhaltiger ein!

contar > el cuento ¿Conoces el cuento de Caperucita Roja?

costar – el coste

la costa

doler > el dolor

doloroso, -a – dolorido, -a

morder – la mordedura

mordedor, -a
¡Cuida al perro mordedor!

mordaz ¡Qué crítica mordaz!
¡Qué examen mordaz!

mordiente El HCl es un ácido muy mordiente.

mover – el movimiento – móvil – el móvil

¡Este móvil!
Tantos costes ...

> mueble *(Adj.)* – los muebles

TIPP:

Beachte am Beispiel mueble – mover, dass geschriebenes b *und* v *gleich ausgesprochen werden. Selbst Spanier haben manchmal Probleme, nicht wie du vielleicht mit der Aussprache, sondern mit der Rechtschreibung.*

Vokabelhilfe zu S. 48:

contar (erzählen)
el cuento (Erzählung; Märchen)
costar (kosten)
el coste (Preis)
la costa (Kosten)
doler (schmerzen)
el dolor (Schmerz)
morder (beißen)
la mordedura (Biss)
mordedor, a (bissig)
mordaz (bissig)
mordiente (beißend, ätzend)
mover (bewegen)
mueble (beweglich)

Vokabelhilfe zu S. 49:

el universo (Universum)
el globo (Globus)
el mundo (Welt)
el continente (Kontinent)
el Estado (Staat)
la nación (Nation)
el puente (Brücke)
el pasagero (Passagier)
la azafata (Hostess)
el piloto (Pilot)
el avión (Flugzeug)
el aeropuerto (Flughafen)
la pista (Piste)
la recepción de equipaje (Check-in-Schalter)
el control de seguridad (Sicherheitskontrolle)
el control de pasaportes (Passkontrolle)
la sala de espera (Warteraum)
el mostrador (Ticketschalter)
la entrega de equipaje (Gepäckausgabe)

los pasajeros
la azafata
el piloto

el avión
el aeropuerto
la pista

la recepción de equipaje
el control de seguridad
el control de pasaportes
la sala de espera
el mostrador
la entrega de equipaje

Vokabelhilfe zu S. 50:

el abuelo (Großvater)
la abuela (Großmutter)
los abuelos (Großeltern)
la hija (Tochter)
el padre (Vater)
el marido (Ehemann)
la mujer/la señora (Ehefrau)
la nieta (Nichte/Enkelin)
los tíos (Onkel und Tanten)
el sobrino (Neffe)
la novia (feste Freundin/Verlobte)
el suegro (Schwiegervater)
el cuñado (Schwager)
la cuñada (Schwägerin)

Lösungen zu S. 50:

1. el hijo
   los hijos
   la madre
   los padres (Eltern)
   el nieto
   los nietos (Enkelkinder)
   el tío
   la tía
   la sobrina
   los sobrinos (Nichten und Neffen)
   los maridos (Ehegatten)
   el novio
   los novios
   la suegra
   los suegros (Schwiegereltern)
   el cuñado
   la cuñada

Vokabelhilfe zu S. 51:

soñar con (träumen von)
el sueño (der Traum)
el piso (Wohnung)
el animal doméstico (Haustier)
el gato (Katze)
la serpiente (Schlange)
el ratón (Maus)
gordo, -a (dick, fett)
el apellido (Nachname)

Lösungen zu S. 51:

2. sueñan
   sueña
   soñáis
   soñamos
   sueñan
   sueña
   sueño
   sueña

Tres generaciones ...

Weißt du noch, welche Substantive verwandtschaftliche Beziehungen ausdrücken?

1. *Ordne den Bezeichnungen die entsprechenden Formen zu:*

el abuelo	la abuela	los abuelos
	la hija	
el padre		
	la nieta	
		los tíos
el sobrino		
el marido	la mujer/la señora	
	la novia	
El suegro		
		los cuñados

TIPP:
In der Regel bedeuten z. B. los hijos = die Kinder. *Wenn jedoch Jungen und Mädchen unterschieden werden sollen, so wird verdeutlicht durch:* los hijos y las hijas. *Das Entsprechende gilt natürlich auch für andere Bezeichnungen:* las tías y los tíos (die Tanten und Onkel), las cuñadas y los cuñados (die Schwägerinnen und Schwäger), las nietas y los nietos (die Enkeltöchter und Enkelsöhne).

2. *Wovon träumen die einzelnen Familienmitglieder? Setze die richtigen Verbformen ein.*

Los abuelos __________
con una vida feliz de sus nietos.

La madre __________
con uns piso grande.

Ana y Pilar,
¿__________
con un animal doméstico?
¿Con un perro?

¡No! __________os
con un gato o una serpiente.

Los gatos __________
con un ratón gordo.

Sofía __________
con Paco y dice en sus sueños: »Siempre
__________ y cuento contigo, mi amor.«

Paco ya no __________
con el matrimonio con Sofía.

TIPP:

Bei der Eheschließung behalten Mann und Frau ihre eigenen Familiennamen, los apellidos, *die ja immer aus zwei Teilen bestehen. Frauen können auch* de + Familienname des Mannes *hinzufügen zur Verdeutlichung, mit wem sie verheiratet sind. Der Familienname der Kinder setzt sich zusammen aus dem jeweils* ersten apellido *von Vater und Mutter.*

José **Alvarez Costoya**,
Sofía **Diez Matanza** de Alvarez
y su hija Cristina **Alvarez Diez**

TEST

Vokabelhilfe zu S. 52:

la tarea (Hausaufgabe)
el bocadillo (Sandwich)
el cine (Kino)
la película (Film)
feo, a (hässlich)
morirse de aburrimiento (vor Langeweile sterben)

Lösungen zu S. 52:

1. puedes
   puedo
   podemos
   piensas
   comienzo
   empezamos
   podéis
   podemos
   comienza
   podemos
   perdemos
   comienzan
   podemos
   morís
   comienzas

Vokabelhilfe zu S. 53:

seguir (weiterfahren)
servir (dienen)
pedir algo (bitten um)
corregir (korrigieren)
reñir ((sich) streiten)
reír (lachen)
conseguir (erreichen)
despedirse (sich verabschieden)
elegir (wählen)
vestir (anziehen)
medir (messen)

Lösungen zu S. 53:

1. **s**i**rvo**
   si**rves**
   si**rve**
   se**rv**i**mos**
   se**rv**í**s**
   si**rven**

1. *Auf dem Pausenhof ist wie üblich viel zu besprechen. Ergänze die Dialoge durch die passenden Verbformen.*

¿P___des darme la tarea?

Lo siento, no p___do.
Todo está en casa.

¿P___demos ir a casa de tus padres a buscarla?

¡Qué idea! ¿En qué p___nsas?

Tomo un bocadillo, ¿y tú?

Com___nzo con una naranjada.
¿O emp___zamos con una Cola?

¿P___déis ir al cine esta noche?

Sí, ¡claro! ¿Qué película p___demos ver?

Mira: No es posible.
Mañana com___nza el examen.

No importa. P___demos ir al cine
en el coche de Ana.
No p___rdemos tanto tiempo.

Pues, com___nzan estos días
feos del examen,
Pero no p___demos morirnos de aburrimiento.
¿Os m___rís por eso?

¿Com___nzas a entender?
¡La vida es uns fiesta!

Hier lernst du eine weitere Verbgruppe, die systematisch unregelmäßig ist und häufig verwendete Verben umfasst. Aus dem Infinitiv *seguir* und der Form *¡sigue!* ersiehst du bereits, dass hier der Stammvokal ***e*** zu ***i*** wird.

Da du bisher eingeübt hast, dass immer die betonten Stammvokale sich ändern, kannst du die neuen Formen selbst erschließen.

TIPP:
Stelle dir vor, dein Verb liege auf einer Waage mit zwei Schalen: Diese halten sich so in Balance, dass einem betonten -i- auf der einen Schale immer ein unbetontes -e- (oder -o-) auf der anderen Schale entspricht.

1. *Ordne den beiden Waagen die Verbformen des Präsens des Verbs servir zu. Sprich dazu laut.*

ser – vir

-o

-es

Das hast du gelernt:
Bei dieser Verbgruppe wechselt der Stammvokal von e *zu* i, *wenn er betont ist.*

2. *Setze die fehlenden Verbformen ein. Hebe den betonten Vokal besonders hervor.*

pedir	Yo ______ tu respuesta y
seguir	tú ______ con el test, por favor,
corregir	y tú ______ las formas.
	Ahora trabajas con tu compañero o tu compañera,
reñir	pero nunca ______.
reír	Muchas veces ______.
conseguir	Siempre ______ buenos resultados.
despedirse	Al fin tu compañera ______ ______
elegir	pero dices: ______ la última forma.

TIPP:
Hast du daran gedacht, dass du vor -o *nicht* -g- *schreiben darfst, damit der Verbstamm immer gleich, nämlich* [elich] *ausgesprochen wird? Überlege jetzt, worauf du achten musst, wenn du das Verb* seguir *konjugierst. Vorsicht geboten ist bei der Endung* -o. *Erinnerst du dich? Weil vor* -o *das* -g *ohnehin als* [g] *ausgesprochen wird, schreibt man hier den Stamm so:*

seguir	Yo ______ tu trabajo. Ya puedes ir a casa de
vestir	Juan. ¿ ______ ropa de fiesta?

TIPP:
Hast du deine Grammatikkärtchen ergänzt?
*Wenn du diese Verben gut im Kopf hast, werden dir weitere Verbformen, die du später lernst, viel leichter fallen. Z. B. die Gerundios (*pidiendo*) oder die Indefinidos:* (pedí (ich bat), pidió (er/sie/es bat))*: Die Waagschalen funktionieren dann etwas anders.*

Lösungen zu S. 54:

2. pido
   sigues
   corriges
   reñís
   reís
   conseguís
   se despide
   elijo
   sigo
   vistes

Vokabelhilfe zu S. 55:

tener (haben, besitzen)
ofrecer (anbieten)
conducir (steuern, fahren)

TENGO ALGO.

Es gibt unregelmäßige Verben, die nur in der 1. Person Singular eine besonders starke Unregelmäßigkeit aufweisen und dann nach bisher bekannten Regeln weiterkonjugiert werden.

tengo una flor

tienes

tiene

tenemos

tenéis

tienen

ofrezco miel

ofreces

ofrece

ofrecemos

ofrecéis

ofrecen

conduzco un coche

conduces

conduce

conducimos

conducís

conducen

TIPP:

Wieder einmal musst du bei diesen Verben auf den besonderen Vokal -o *achten, denn vor diesem Vokal ändern sie ihre Form. Im Verlauf deines späteren Spanischunterrichts wirst du lernen, dass von der* 1. Person Singular Präsens, *also von dieser besonderen Form, die ganze Reihe der* Subjuntivos des Präsens *abgeleitet wird.*

Das hast du gelernt:

Einige Verben haben eine Sonderform nur in der 1. Person Singular, konjugieren aber dann regelmäßig weiter. Ihr Infinitiv endet auf -er *oder* -ir.

Deducimos las formas

1. *Finde die entsprechende fehlende Form. Beachte dabei die Zugehörigkeit zu einzelnen Verbgruppen. Erinnerst du dich an den Zusammenhang zwischen Endung des Infinitivs und Endung der 1. Person Plural?*

	traigo una canción	*traemos*
traducir		*traducimos*
	ofrezco una copa	*ofrecemos*
	establezco una regla	*establecemos*
parecer	*parezco amable*	
obedecer		
	agradezco	
producir		
		nacemos
		detenemos

TIPP:

Wenige andere Verben zeigen auch eine besondere 1. Person Singular auf. Diese ist aber eine reine Ausnahmeform, denn von ihr wird nichts abgeleitet. Du kannst diese Formen einfach auswendig lernen:

soy < ser (sein)
doy < dar (geben)
estoy < estar (sein)
sé < saber (wissen, können)

Soy rico, te doy un regalo bonito,
así estoy contento.
Sé que te alegro.

TIPP:

Schreibe jetzt deine Grammatik-Kärtchen! Ordne die Verben nach den Gruppenprinzipien. Notiere zu jedem Verb den Infinitiv sowie die 1. und 2. Person Plural und lerne diese Formen. Noch effizienter ist es natürlich, wenn du das ganze Verbparadigma übst.

TEST

Vokabelhilfe zu S. 56:

deducir (ableiten
traer (herbringen)
traducir (übersetzen)
ofrecer (anbieten)
parecer (scheinen)
obedecer (gehorchen)
agradecer algo a alguien (jem. danken für)
producir (herstellen, produzieren)
nacer (geboren werden)
detener (festhalten)
decir (sagen)

Lösungen zu S. 56:

1. traer
   traduzco
   ofrecer
   establecer
   parecemos
   obedezco
   obedecemos
   agradecer
   aradecemos
   produzco
   producimos
   nacer
   nazco
   detener
   detengo

Vokabelhilfe zu S. 57:

influir (beeinflussen)
incluir (einschließen, beifügen)
huir (fliehen)

Lösungen zu S. 57:

1. Huyo / influyo
   huyes / influyes
   huye / influye
   huimos / influímos
   huís / influís
   huyen / influyen

   incluyo
   incluyes
   incluye
   incluímos
   incluís
   incluyen

INFLUYO, CONTINÚO Y RÍO.

Das Zusammenspiel von Stamm und Endung scheint manchmal nicht spielend zu klappen. Wenn der Stamm betont ist, wird dies ganz besonders verdeutlicht.

Regel 1: Bei den stammbetonten Verbformen wird zwischen Stamm und Endung ein Gleitlaut **[j]**, geschrieben als **y**, eingebaut. Alle endungsbetonten Formen sind regelmäßig.

Okidoki te influye en tus conocimientos de castellano.

1. *Schreibe nach dieser Regel das Verbparadigma folgender drei Verben:*

huir	influir	incluir

TIPP:

Bevor du die Lösung vergleichst, solltest du noch einmal die geschriebenen Formen laut sprechen und kennzeichnen, welches der betonte Vokal in der jeweiligen Verbform ist.

Vokabelhilfe zu S. 58:

efectuar (ausführen)
puntuar (nach Punkten bewerten; (inter-)punktieren)
situar (situieren; errichten)
actuar (wirken)
acentuar (hervorheben)
exceptuar (ausschließen)
tatuar (tätowieren)

Lösungen zu S. 58:

1. *contin**ú**as*
   *contin**ú**a*
   continu**a**mos
   continu**á**is
   *contin**ú**an*
2. efect**ú**a
   puntu**ar**
   sit**ú**a
   act**ú**a
   acentu**ar**
   except**ú**a
   tatu**ar**

Vokabelhilfe zu S. 59:

fotografiar (fotografieren)
prohibir (verbieten)
criar (erziehen)
sonar (läuten)
vaciar (leeren)
quedar (bleiben)
esquiar (Schi fahren)
ampliar (erweitern)
construir (bauen)
enviar (senden)

Lösungen zu S. 59:

3. confías
   confía
   confiamos
   confiáis
   confían
4. fotograf**í**a
   proh**í**bo
   cr**í**an
   su**e**na
   vac**í**a
   qu**e**da
   esqu**í**an
   ampl**í**an
   constr**u**yen
   env**í**o

Regel 2: Der betonte Stammvokal wird mit Tilde geschrieben, damit beim Lesen die Stammbetonung deutlich wird und durch den nachfolgenden Vokal der Endung keine Verwechslung mit einem Diphthong aufkommen kann.

1. *Vervollständige das Paradigma des störrischen und des lieben Esels!*

continúo

2. *Ergänze die 3. Person Singular bzw. den Infinitiv.*

*efectu**a**r*	
	puntúa
*situ**a**r*	
*actu**a**r*	
	*acent**ú**a*
*exceptu**a**r*	
	*tat**ú**a*

Das hast du gelernt:
Eine besondere Verbgruppe (mit Infinitiv auf -uar) akzentuiert in der stammbetonten Form das ú deutlich, unterstützt durch die Tilde, damit nicht der Eindruck eines Diphthongs entstehen könnte.

TIPP:

Du erinnerst dich sicher, dass nicht nur die Verben mit betontem ú eine Gruppe bilden, sondern dass es auch Verbformen mit betontem í gibt. Ihre Konjugation erfolgt nach den gleichen Mechanismen, die du auf der vorangehenden Seite geübt hast.

3. *Ergänze.*

confiar

confío

4. *Erkennst du die Bedeutung der Verben? Fülle die Lücken!*

fotografiar	El periodista ______ el accidente.
prohibir	Te ______ o esto.
criar	Los padres ______ a sus niños con mucho cariño.
sonar	Cuando ______ el timbre, la escuela se
vaciar	______ completamente; ya no
quedar	______ ningún alumno.
esquiar	Muchos turistas ______ en la Sierra Nevada.
ampliar	Los padres ______ la casa;
construir	______ otra habitación.
enviar	Estoy de vacaciones en Galicia. Te ______ mil recuerdos cordiales desde Santiago de Compostela.

5. *Finde zu den angegebenen Wörtern ein Verb aus der entsprechenden Wortfamilie. Schreibe die Form im Infinitiv, in der 2. Person Singular und in der 2. Person Plural.*

el esquí ______,
______, ______

la situación ______,
______, ______

el tatuaje ______,
______, ______

la excepción ______,
______, ______

la construcción ______,
______, ______

la crianza ______,
______, ______

el vacío ______,
______, ______

la prohibición ______,
______, ______

¡prohibido fumar!

Das hast du gelernt:
Du kannst die regelmäßigen und unregelmäßigen Verben des Spanischen im Indikativ Präsens fehlerfrei konjugieren. Weder Aussprache noch Rechtschreibung machen dir Probleme.

Vokabelhilfe zu S. 60:

el tatuaje (Tätowierung)
la excepción (Ausnahme)
excepto, -a (ausgenommen)
la construcción (Bau, Gebäude)
la crianza (Erziehung)
el vacío (Leere)
vacío, -a (leer)
la prohibición (Verbot)

Lösungen zu S. 60:

5. esquiar
esquías
esquiáis
situar
sitúas
situáis
tatuar
tatúas
tatuáis
exceptuar
exceptúas
exceptuáis
construir
construyes
constuís
criar
crías
criáis
vaciar
vacías
vaciáis
prohibir
prohíbes
prohibís

Vokabelhilfe zu S. 61:

el arroyo (Bach)
el arroyuelo (Bächlein, Rinnsal)
el canal (Kanal)
el pez / los peces (Fisch(e))
el banco (Schwarm)
la nube (Schwarm)
la bandada (Schwarm)
el rebaño (Herde)
la manada (Herde)
el grupo (Gruppe)
la masa (Masse)
la turba (Haufen, Menge)
la abundancia (Überfluss, Fülle)
la falta (Mangel, Fehlen)

El río
el arroyo
el arroyuelo
el canal

un banco de peces en los ríos

la nube de mosquitos

la bandada de pájaros

el rebaño de ovejas

la manada de toros bravos

el grupo de niños y niñas

la masa de estudiantes

la turba de personas en las calles

una abundancia de estudiantes
y posibilidades

una falta de tranquilidad

Alle diese Mengenangaben umfassen zwar viele einzelne Dinge oder Wesen, fordern das Prädikat aber immer im Singular: El grupo de niños ya está. Esta bandada de pájaros vuela hacia Africa.

TIPP:

Erinnerst du dich in diesem Zusammenhang an das umgekehrte Problem bei gente? La gente *ist im Spanischen ein Singularwort, im Deutschen wird es durch* Leute *übersetzt:* Esta gente es simpática. = Diese Leute/Menschen sind nett.

TEST

1. *Konjugiere die folgenden Verben im Präsens. Sprich sie beim Schreiben laut und achte darauf, wann du Tilden setzen musst.*

reír

destruir

exceptuar

tener

contar

prohibir

perder

vestir

Lösungen zu S. 62:

1. **reír**
río/ríes/ríe/reímos/reís/ríen
destruir
destruyo/destruyes/destruye/destruimos/destruís/destruyen
exceptuar
exceptúo/exceptúas/exceptúa/exceptuamos/exceptuáis/exceptúan
tener
tengo/tienes/tiene/tenemos/tenéis/tienen
contar
cuento/cuentas/cuenta/contamos/contáis/cuentan
prohibir
prohíbo/prohíbes/prohíbe/prohibimos/prohibís/prohíben
perder
pierdo/pierdes/pierde/perdemos/perdéis/pierden
vestir
visto/vistes/viste/vestimos/vestís/visten

HAY - SER - ESTAR - TENER (QUE) - HAY QUE

KAPITEL 9

Dieses Kapitel bietet dir einen Überblick über die wichtigsten Verwendungen der Verben *hay, ser, estar, tener, tener que, hay que*. Sie fallen manchen Deutschsprachigen schwer, weil Deutsch und Spanisch in diesem Bereich nicht identisch strukturiert sind: die Verben *ser* und *estar* heißen beide auf Deutsch *sein. Haben* kann auf Spanisch *tener* entsprechen. In der Kombination *tener que* + Infinitiv ist *tener* das Modalverb *müssen*.

Hay un gran desorden en mi habitación:
Hay muchos papeles.
Hay tres ordenadores.

Es el desorden total.
Es horrible.
Son los papeles más inútiles.
Son los ordenadores de la familia.

Sobre la silla **está** el ordenador de mi padre.
No **está** bien, además **está** roto.

Mi padre **tiene** dos ordenadores.
Tiene que arreglar éste en mi habitación.

Hay que pasar de esto.
Hay que considerar todo con calma.

Vokabelhilfe zu S. 63:

el desorden (Unordnung)
el papel (Papier)
el ordenador (Computer)
útil (nützlich)
inútil (unnütz)
roto, a (kaputt)
arreglar (reparieren)
pasar de esto (weiterkommen, überleben (fig.))
la calma (Ruhe)

Hay

Im Deutschen findest du für *hay* die Entsprechung *es gibt.*

Hay wird im Satz in Verbindung mit einem Subjekt verwendet, das nicht weiter festgelegt, determiniert oder definiert ist. Dies wird aufgezeigt durch den unbestimmten Artikel, eine Zahl oder Mengenangabe.

1. *Mache die Übung; denke auch daran, dass es Adjektive gibt, die Unbestimmtes ausdrücken.*

Hay ______ banco de peces en el río.

En el banco hay ______ peces.

Hay ______ que son azules.

Al borde del río hay ______ niños y un pescador.

Pueden pescar tranquilamente; no hay ______ ruido.

Hay también tres coches y una parada de autobús.

______ dos cigüeñas que vuelan en el cielo.

Das hast du gelernt:
Hay wird verwendet vor Substantiven ohne Artikel, Substantiven mit unbestimmtem Artikel, unbestimmten Mengenangaben, Zahlen.

Lösungen zu S. 64:

1. un
   diferentes, varios *oder* Lücke lassen
   unos (ein paar), algunos (einige) *oder* varios
   unos *oder* Lücke lassen
   Lücke lassen
   Hay

Lösungen zu S. 65:

1. Ich besitze eine Katze.
   Hast du Hunger oder Durst?
   Er ist 30 Jahre alt.
   Wir halten diese Versammlung heute ab.
   Ihr seid Maria zugetan.
   Sie hegen traurige Gefühle.
   Ich halte immer meine Versprechen.
2. Ich möchte singen, aber ich muss arbeiten.
   Musst du lernen?
   Alle müssen zuhause bleiben.

Vokabelhilfe zu S. 65:

el gato (Katze)
tener hambre y sed (Hunger und Durst haben)
la reunión (Versammlung)
el afecto (Zuneigung)
mantener (halten)
la promesa (Versprechen)

tener – tener que

1. *Übersetze folgende Sätze ins Deutsche. Sicher gelingt es dir, für* tener *nicht nur das Verb* haben *einzusetzen, sondern manchmal sprachlich zu variieren:*

Tengo un gato.

¿Tienes hambre o sed?

Tiene treinta años.

Tenemos esta reunión hoy en día.

Tenéis afecto a María.

Tienen sentimientos tristes.

Siempre mantengo mis promesas.

TIPP:

Ein Vollverb ist ein Verb, das eigenständig ein Prädikat bilden kann. Du sagst: „Ich habe (besitze) eine Katze." Ein Hilfsverb (Auxiliarverb) *dient zur Bildung von Tempora, ist also nur Hilfe zum Vollverb: „Ich habe eine Katze gekauft." ist lediglich die Vergangenheit zu: „Ich kaufe."*

2. *Übersetze folgende Sätze ins Deutsche.*

Quiero cantar, pero **tengo que** trabajar.

¿**Tienes que** estudiar? Todos **tienen que** quedarse en casa.

Das hast du gelernt:

Tener *ist ein Vollverb und bildet ein eigenständiges Prädikat* (besitzen, haben ...). Tener que + Infinitiv *wird verwendet, wenn* jemand etwas tun muss.

Hay que + Infinitiv *drückt aus, dass* man, d. h. ein unpersönlicher oder allgemein Handelnder, etwas tun muss.

estar

Du weißt, dass dem spanischen Infinitiv *estar* im Deutschen die Verben *sein, sich befinden* entsprechen. *Estar* wird zur Situierung in der Zeit, zur Situierung im Raum, zum Ausdruck von Wertungen und zur Beschreibung eines vorübergehenden Zustandes verwendet.

1. *Unterstreiche in folgendem Text die Konstruktionen mit dem Verb estar und ordne sie den Regeln zu.*

El diario de Juanita recuerda un día de sus vacaciones en Cataluña

Hoy estamos a tres de junio. Estamos en el sur de los Pirineos, cerca de Matadepera, una ciudad de unos 2500 habitantes. Después de una noche alegre en el albergue juvenil estamos bastante cansados. No importa. Nos levantamos pronto. Estamos de excursión por un valle. Por este valle discurre el río Rubí.
Nos sentamos a su borde y miramos esta naturaleza maravillosa: Las montañas, las plantas, los árboles, las aves en el cielo azul, y en el fondo este río; ¡Qué riqueza! Nunca he visto tantos peces en un río. Se reúnen en bancos, no se mueven, parecen soñar, están tranquilos. Nos callamos y disfrutamos de este ambiente encantador. Todo está bien.

Situierung in der Zeit

Situierung im Raum

Wertung

Vorübergehender Zustand

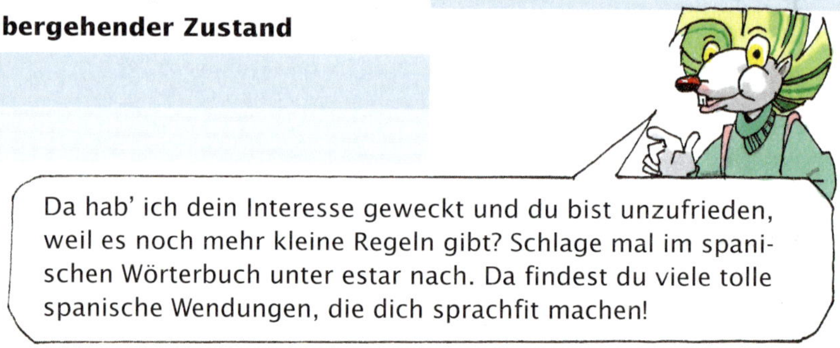

Das hast du gelernt:
Du kennst nun die wichtigsten Regeln für die Verwendung des Verbs estar.

Vokabelhilfe zu S. 66:

recordar algo (sich erinnern an)
el albergue juvenil (Jugendherberge)
discurrir (fließen)
callarse (schweigen)
disfrutar de (etwas genießen)

Lösungen zu S. 66:

1. **Situierung in der Zeit:**
   estamos a tres de junio
   estamos de excursión
   Situierung im Raum:
   Estamos en el sur de los Pirineos
   Wertung:
   Está bien
   Vorübergehender Zustand:
   estamos cansados
   están tranquilos

Vokabelhilfe zu S. 67:

el viernes (Freitag)
el ave rapaz (fem!) (Raubvogel)
la rapaz (Raubvogel)
el ambiente (Umgebung)
encantador, -a (zauberhaft)
el paraíso (Paradies)

Lösungen zu S. 67:

1. **ser + Substantiv:**
   Es viernes
   Matadepera es una ciudad.
   Este río es el Rubí.
   Son las seis
   ser + de + Substantiv:
   Este edificio es de la comunidad
   ser + Adjektiv (permanente Eigenschaft!):
   Las noches son alegres
   Es maravillosa y abundante
   El ambiente es encantador.
   ser + Nebensatz:
   Es que me siento como en un paraíso.

ser

1. *Unterstreiche in folgendem Tagebucheintrag die Konstruktionen mit dem Verb ser und ordne sie den Regeln zu. Die Zuordnungen sind doppelt bestimmt: Inhalt und grammatische Struktur spielen zusammen.*

Otro diario que recuerda este día de vacaciones en Cataluña

Hoy es viernes, el trece de junio de 2003. Matadepera es una ciudad de unos 2500 habitantes en el sur de los Pirineos. Pasamos las noches en el albergue juvenil. Este edificio es de la comunidad. Las noches son muy alegres. En la excursión de hoy exploramos un valle por el que discurre un río. Este río es el Rubí.
Nos sentamos al borde del río y miramos la natualeza: Es maravillosa y abundante en todo: Montañas, plantas, árboles, rapaces en el cielo azul, y en el fondo este río. Ya son las seis, pero no queremos separarnos de este paraíso. Disfrutamos de este día. El ambiente es tan encantador. La verdad es que me siento como en un paraíso.

Identität
ser + Substantiv

Identität
ser + de + Substantiv

charakteristische Eigenschaft
ser + Adjektiv (permanente Eigenschaft!)

ser + Nebensatz

Das hast du gelernt:
Du kennst nun wichtige Strukturen, in denen ser *verwendet wird, und kannst dadurch eine Unterscheidung zwischen* ser *und* estar *treffen.*

TEST

1. *Jetzt üben wir alles, was du in diesem Kapitel gelernt hast. Fülle die Lücken unter Verwendung der gelernten Verben.*

hay – hay que – tener – tener que – ser – estar

Alejandro ______ en su habitación. ______ que hacer su tarea, pero no resulta fácil. ______ un desorden para deseperarse. Busca sus papeles, pero no ______ en el cajón del escritorio. Recuerda la voz de su padre que siempre repite: „ ______ que organizarse bien." ¡Qué ideas! „ ______ que encender el ordenador" piensa Alejandro y comienza su tarea. Al fin ______ casi terminada. „ ______ bien." se dice Alejandro y: „ ______ contento." Entretanto entra Carmencita. ______ la menor de la familia, sólo ______ cinco años. Ya no ______ en la escuela primaria, pero ya muestra un interés estupendo por la técnica. ______ aficionada al videojuego, juega rápido y con mucho éxito. „Carmencita, me caes gorda, me pones nervioso. ______ que concentrarme." En este momento Alejandro no presta atención al teclado ... ¡Oh! ¡ ______ un fallo general del ordenador! Todo el trabajo ______ inútil, ______ en la nirvana de la máquina.

TIPP:

Beachte in spanischen Texten genau die Unterscheidungen und präge sie dir ein: Immer: estar contento < > ser feliz, ser puntual

Aber: estar depresivo (deprimiert sein) < > ser depresivo (depressiv sein)
ser claro (klar/hell sein) < > está claro (Das ist klar! Okay)
ser rico (reich sein) < > estar rico (köstlich schmecken)
ser bueno/malo (ein guter/schlechter Mensch sein) < > estar bueno/malo/grave (gesund/krank/schwer krank sein)
ser vivo (lebhaft sein) < > estar vivo/muerto (lebendig/tot sein)

Im Unterschied zum Deutschen verwenden die Spanier übrigens Subjekt-Pronomina (yo, tú ...) in Verbindung mit dem Verb selten. Sie werden nur zur Bereinigung von Unklarheiten oder als Hervorhebung gebraucht. ¿De acuerdo?

Vokabelhilfe zu S. 68/69:

el cajón (Schublade)
el escritorio (Schreibtisch)
la menor (die Jüngste)
la aficionada (Anhängerin, Fan)
caer gordo, -a (auf den Wecker gehen)
el ordenador (Computer)
la pantalla (Bildschirm)
el teclado (Tastatur)
la tecla (Taste)
el disquete oder el disketto (Diskette)
el ratón (Maus)
la alfombrilla (Mauspad)
la disquetera (Diskettenlaufwerk)
el streamer (Streamer)
el disco duro (Festplatte)
el CD-ROM (CD-ROM)
el lector de CD-ROM (CD-ROM-Laufwerk)
el scanner oder
el escáner (Skanner)
el ordenador portátil (Laptop)
el video juego (Videospiel)
el móvil (Handy)
la nirvana (Nirwana)

Lösungen zu S. 68:

1. está
Tiene
Hay
están
Hay
Tengo
está
Está
Estoy
Es
tiene
está
Es
Tengo
Hay
es
está

KAPITEL 10

GERUNDIO

Das Gerundio ist eine bestimmte Verbform, die vom Infinitiv abgeleitet wird. Bevor wir uns mit dieser Verbform befassen, solltest du das Bild hier betrachten und dich mit dem Vokabular vertraut machen.

Normalerweise verwendest du die Präsensform, um eine Handlung in der Gegenwart auszudrücken:

Alejandro y Carmencita trabajan en casa. Aunque Alejandro tiene que concentrarse en su tarea discute con Carmencita que le molesta por el ruido de su videojuego. Juega con mucho entusiasmo y no comprende el problema de su hermano.

Willst du die Handlung besonders betrachten und z. B. als sehr intensiv darstellen, so bietet dir das Spanische als sprachliches Werkzeug dafür die Form des *Gerundio*, das du vom Infinitiv ableitest:

trabaj**ar** → trabaj**ando**

comprend**er**, discut**ir** → comprend / discut + **iendo**

TIPP:
Wieder einmal fallen die Verben auf -er *und* -ir *in einer Form zusammen! Achte darauf, dass die Endung* -iendo *ausgesprochen wird als* [jendo].

1. *Una sopa de letras – Eine Buchstabensuppe. Finde aus der Sopa de letras alle Gerundios.*

S	R	J	U	B	R	P	A	T	M	X	D	M	E	Z
P	L	S	I	R	V	I	E	N	D	O	U	O	N	H
C	E	R	R	A	N	D	O	T	G	R	B	H	C	E
I	Y	N	D	F	A	I	Z	E	I	K	J	V	O	X
Y	E	O	A	U	W	E	K	E	S	R	T	J	N	U
W	N	X	Q	L	F	N	N	R	T	V	A	P	T	C
F	D	S	H	M	O	D	N	A	J	A	B	A	R	T
R	O	E	J	Z	O	O	P	Q	R	E	T	C	A	W
C	O	N	S	I	G	U	I	E	N	D	O	H	N	U
U	H	K	O	D	N	E	I	T	U	C	S	I	D	K
R	G	P	R	E	F	I	R	I	E	N	D	O	O	L

Lösungen zu S. 70:

1. consiguiendo
   pidiendo
   trabajando
   discutiendo
   leyendo
   muriendo
   prefiriendo
   sirviendo
   encontrando
   cerrando

Lösungen zu S. 71:

2. conseguir – consiguiendo
   pedir — pidiendo
   trabajar – trabajando
   discutir – discutiendo
   leer – leyendo
   morir – muriendo
   preferir – prefiriendo
   servir – sirviendo
   encontrar – encontrando
   cerrar – cerrando
3. leer – leyendo
   -y-
4. **e > i**
   conseguir – consiguiendo
   (wie: seguir – siguiendo)
   pedir – pidiendo
   preferir – prefiriendo
   servir – sirviendo
   o > u
   morir – muriendo

2. *Finde jetzt die passenden Infinitive zu den Gerundios aus Aufgabe 1:*

Gerundios	Infinitivos
consiguiendo	conseguir
pidiendo	pedir
trabajando	trabajar
discutiendo	discutir
leyendo	leer
muriendo	morir
prefierendo	preferir
sirviendo	servir
encontrando	encontar
cerrando	cerrar

TIPP:

Alle Gerundios, die aus den Infinitiven aus -ar *abgleitet werden, sind regelmäßig.*

3. *Erkennst du die besondere Rechtschreibung der Endung* [jendo], *wenn sie an den Verbstamm mit* auslautendem Vokal *angehängt wird? Findest du aus der Buchstabensuppe das entsprechende Verb* im Infinitiv *und* im Gerundio?

4. *In der Buchstabensuppe kommen außerdem noch einige unregelmäßige Gerundios vor. Sie gehören alle zu den unregelmäßigen Verbgruppen, die du schon kennst. Die Gerundios weisen, vom Infinitiv ausgehend, ganz systematisch einen Vokalwechsel im Stamm auf:*

	Infinitivos	Gerundios
e > i		
o > u		

TEST

Vokabelhilfe zu S. 72:

revolver (umdrehen)
adelantar (Fortschritte machen)
reprochar (vorwerfen)
pronto (bald, schnell)
el pasatiempo (Hobby)

Lösungen zu S. 72:

1. *Estás jugando:*
   Du spielst gerade. (Du bist dabei, zu spielen. / Du bist am Spielen.)
   Sigues jugando
   Du spielst weiter (Du spielst und spielst und spielst. / Du fährst mit Spielen fort.)
   Jugando nunca terminas la tarea:
   Wenn du spielst, beendest du nie die Hausaufgabe.
2. está trabajando
   Haciendo
   Buscando
   sigue buscando
   está recordando
   sigue reprochando
   trabajando
   terminando

Vokabelhilfe zu S. 73:

sacar el libro (Buch herausnehmen)
el párrafo (Abschnitt)

Lösungen zu S. 73:

1. decid (< decir)
   tened (< tener)
   id (< ir)
   venid (< venir)
   sed (< ser)
   poned (< poner)

Das hast du gelernt:

Du kannst alle Gerundios bilden, wobei du die Formen der unregelmäßigen Verben besonders im Auge hast. Du kennst die Strukturen, in denen Gerundios verwendet werden. Du weißt, dass du dich mit den Gerundios durch Lesen und Üben vertraut machen musst, denn vom Deutschen sind dir diese Strukturen eher fremd.

1. *Drei wichtige Verwendungen der Gerundios solltest du dir merken. Finde die entsprechende deutsche Übersetzung für die Etiketten der Luftballons.*

_____

_____

_____

2. *Welche Verwendung des Gerundio passt?*

Alejandro _____ *(trabajar)* en su habitación. _____ *(hacer)* su tarea, casi se desespera. _____ *(buscar)* los papeles nacesarios revuelve todo en el cajón de su escritorio. _____ *(buscar)*, pero sin éxito. En este estrés _____ *(recordar)* la voz de su padre que _____ *(reprochar)* como un fantasma sin compasión: „Tienes que organizarte bien, Alejandro." ¡Qué ideas! „Voy a encender el ordenador" se dice Alejandro y comienza otra tarea. El trabajo con el ordenador le gusta a Alejandro. _____ *(trabajar)* con mucha concentración adelanta rápido. Alejandro está contento y se dice: „_____ *(terminar)* pronto estos deberes tengo bastante tiempo para mis pasatiempos. Voy a navegar un poco por la red."

BEJAHTE IMPERATIVE

KAPITEL 11

TIPP:

Die Imperativformen, die du nun lernst, darfst du nur verwenden, wenn du jemanden duzt.
Niemals darfst du diese Formen mit einer Verneinung verwenden!

Die Plural-Imperative leiten sich aus den Infinitiven ab: Statt eines *-r* hängst du ein *-d* an. Die charakteristischen Vokale der Infinitivendungen bleiben im Imperativ Plural als *-ad, -ed, -id* erhalten.

Beim Befehl an eine einzelne Person bleibt nur das *a* erhalten. Die anderen beiden Verbgruppen fallen im Imperativ zur Endung *e* zusammen.

1. *Einige Imperativformen im Singular sind unregelmäßig. Findest du die entsprechenden Imperative im Plural? Diese sind immer regelmäßig. Du kannst dir die Infinitive denken und die Imperative Plural ableiten.*

Di la verdad.	la verdad.
Ten cuidado.	cuidado.
Ve en bicicleta.	en bicicleta.
Ven conmigo.	conmigo.
Sé feliz.	felices.
Pon las sandalias.	las sandalias.

Das hast du gelernt:
Du hast die Imperativformen gelernt, die du verwendest, wenn du jemanden duzt.

Vokabelhilfe zu S. 74:

gozar (genießen)
encantar (gefallen)
navegar por la red (surfen)
mandar correo electrónico / e-mail (E-mail senden)
jugar un videojuego (Videospiel machen)
mandar un SMS (SMS verschicken)
bailar el hiphop (Ausspr.: *[jipjop]*) (Hiphop tanzen)
nadar (schwimmen)
patinar sobre hielo (Schlittschuh laufen)
esquiar (Schi fahren)
hacer el monopatín (Skateboard fahren)

Vokabelhilfe zu S. 75:

la cabra (Ziege)
el lobo (Wolf)
el corzo (Rehbock)
la corza (Rehgeiß)
el ciervo (Hirsch)
la cierva (Hirschkuh)
el jabalí (Wildschwein; Eber)
la jabalina (Wildsau)
el cabrón (Geißbock)
la cabra (Ziege)
el varón (Männchen)
la hembra (Weibchen)
el lince (Luchs)

Lösungen zu S. 75:

1. la rata
   el corzo
   esta loba
   esa cierva
   aquel jabalí
   nuestra cabra
   vuestra vaca

SUBSTANTIVE UND IHRE BEGLEITER: GENUS

In diesem Kapitel beschäftigen wir uns mit dem Genus der Substantive und ihrer möglichen Begleiter, insbesondere definiter (bestimmter) und indefiniter (unbestimmter) Artikel, Demonstrativ- und Possessivbegleiter.

Bestimmter Artikel
Unbestimmter Artikel
Demonstrativbegleiter
Possessivbegleiter

} **Substantiv**

el gato
una cabra
este lobo
ese lobo
aquel lobo
mi perro

TIPP:

Als Genus gibt es im Spanischen nur Maskulinum und Femininum. Vielleicht erinnerst du dich aber an neutrale Begleiter lo, esto, eso, aquello? *Sie sind, anders als das deutsche Neutrum* das, *sehr beschränkt einsetzbar. Z. B. substantivieren sie Adjektive:* lo agradable (das Angenehme); *du findest sie auch in Ausdrücken:* a lo largo del río (den Fluss entlang).

1. *Ergänze die entsprechenden Begleiter:*

maskulin	***feminin***
el gato	___ rata
___ corzo	una corza
este lobo	___ loba
ese ciervo	___ cierva
___ jabalí	aquella jabalina
nuestro cabrón	___ cabra
vuestro toro	___ vaca

TIPP:

Gibt es in der Sprache nicht parallele maskuline und feminine Formen zur Bezeichnung des männlichen bzw. weiblichen Tieres, so wird an die ursprüngliche Bezeichnung varón *bzw.* hembra *angefügt, z. B.* la rata varón, el lince hembra. Los hijos varones bedeutet: die Söhne („männliche Kinder").

Durch die Verwendung der **Demonstrativbegleiter** wird nicht nur auf das Substantiv hingewiesen, sondern es wird gleichzeitig ausgesagt, wo im Raum der bezeichnete Gegenstand oder das bezeichnete Wesen sich befindet. Nähe bzw. Ferne, vom Sprecher aus gesehen, werden mit ausgedrückt.

aquel lobo
aquella loba
ese jabalí
esa jabalina
esta vaca

TIPP:
Erinnerst du dich an die entsprechenden Ortsangaben aquí > ahí > allí?

2. *Ergänze:*

Aquí ves ____ vaca. ¡Mira ese jabalí ____! ¿Y divisas ____ lobos allí?

Die **Possessivbegleiter** *nuestro, nuestra, vuestro, vuestra* unterscheiden durch Auslaut *-o* bzw. *-a* klar das Genus. Die noch fehlenden Possessivbegleiter *mi, tu, su* weisen keine Genus-Unterscheidung auf.

3. *Ergänze:*

En casa tengo una serpiente y un perro.

Son ____ perro y ____ serpiente.
¿Dónde tienes ____ perro y ____ serpiente?
Juan da de comer a ____ perro y ____ serpiente.
Ana baña ____ perro y ____ serpiente.
Queremos mucho ____ perro y ____ serpiente.
¿Dais de comer a ____ perro y ____ serpiente?
Los niños adoran mucho ____ perro y ____ serpiente.

Das hast du gelernt:
Jedes Substantiv des Spanischen hat ein Genus, Maskulin oder Feminin. Auch die Form der Substantivbegleiter richtet sich nach diesem Genus. Kombiniere nie maskuline und feminine Formen.
Das Deutsche unterscheidet, im Unterschied zum Spanischen, nach dem Besitzer bzw. der Besitzerin: Juan – sein Hund, *aber* Ana – ihr Hund. *Im Spanischen hast du hier immer den gleichen Begleiter* su.

Vokabelhilfe zu S. 76:

mirar (ansehen)
divisar (in der Ferne ausmachen, erblicken)
dar de comer (zu fressen geben)
bañar (baden)
adorar (sehr gern haben, anbeten, vergöttern)

Lösungen zu S. 76:

2. esta, ahí, aquellos
3. mi (perro), mi (serpiente)
   tu (perro), tu (serpiente)
   su (perro), su (serpiente)
   su (perro), su (serpiente)
   nuestro (perro), nuestra (serpiente)
   vuestro (perro), vuestra (serpiente)
   su (perro), su (serpiente)

Vokabelhilfe zu S. 77:

la cesta (Korb)
el picnic (Picknick)
la grulla (Kranich)
la rapaz (Raubvogel)
el pájaro (Vogel)
el halcón (Falke)
el murciélago (Fledermaus)
el jabalí (Wildschwein)
la liebre (Hase)
el ratón (Maus)
la cochinilla (Kellerassel)
el saltamontes (Heuschrecke)
la serpiente (Schlange)
el castor (Biber)
el vino (Wein)
el agua (Wasser)
el café (Kaffee)
el jamón (Schinken)
el pan (Brot)
el queso (Käse)

Lösungen zu S. 77:

1. **Pluralformen:**
   grullas, rapaces, pájaros, halcones, murciélagos, jabalíes *oder* jabalís, liebres, ratones, cochinillas, saltamontes, serpientes, vinos, aguas, cafés, jamones, panes, quesos, castores

Hier übst du das Zusammenspiel zwischen Singular und Plural.

1. *Más animales de la Península Ibérica*
Natürlich sind diese Tiere keine Einzelgänger! Bilde zu jedem Singularwort seinen Plural; wähle dazu aus dem Picknickkorb die passende Endung und bilde so die Pluralform. Beachte, dass in Singular und Plural die Wortbetonung immer gleich bleibt. Musst du von der Singularform etwas wegnehmen?

el vino	el agua
el café	el jamón
el pan	el queso

las grulla ___	las rapa ___	los pájaro ___
los halc ___	los murciélago ___	los jabalí ___
las liebre ___	los rat ___	las cochinilla ___
los saltamont ___	las serpiente ___	los vino ___
las agua ___	los café ___	los jam ___
los pan ___	los queso ___	los castor ___

TIPP:
Obwohl agua *feminin ist, heißt es* el agua: *Beginnt ein feminines Substantiv mit* betontem a-, *so wird unmittelbar davor* der maskuline Artikel verwendet, *obwohl das Wort feminin bleibt:* el agua fría. *Aber:* la mucha agua (que ha caído esta noche).

2. *Hier sind die Regeln für die Pluralbildung aufgeführt. Füge in die rechte Spalte die entsprechenden Beispiele aus deinen Lösungen von S. 77, Aufgabe 1, oder neue Wörter nach Anweisung hinzu!*

	Wort im Singular endet auf	**Plural-endung**	**Beispiele: Artikel + Pluralformen**
1.	Vokal	**-s**	
2.	-í oder -ú	**-es oder -s**	
3.	-s bei mehrsilbigen Wörtern mit Betonung auf 2.- oder 3.-letzter Silbe	**keine!**	*Füge hier die entsprechenden Wochentage ein:* los ...
4.	Konsonant (außer -s oben in 3.)	**es**	Bsp.: los meses (< el mes)

TIPP:

Hast du verstanden, warum Tilden auf der letzten Silbe im Plural wegfallen? Wenn nicht, solltest du die Betonung und Schreibung in den ersten Kapiteln des Heftes wiederholen. Du findest dort auch den Hinweis, dass -z eine besondere Schreibung am Wortende ist. Im Plural wird es deshalb durch -c- ersetzt.

3. *Und wie schreibst du diesen Plural?*

el resumen > los

TIPP:

Eigennamen auf -z und -is/-és sowie fremdsprachige Eigennamen erhalten nie eine Pluralmarkierung: los Brown, los Gómez, los Solís *aber* los Padillas (< Padilla).

Lösungen zu S. 78:

2. **1: Plural mit -s:**
   las grullas, los pájaros, los murciélagos, las liebres, las cochinellas, las serpientes, los vinos, las aguas, los cafés, los quesos
   2: Plural mit -es oder -s:
   los jabalíes oder jabalís
   3: Plural gleich wie Singular:
   los saltamontes, los lunes, los martes, los miércoles, los jueves
   4: Plural mit -es:
   las rapaces, los halcones, los ratones, los jamones, los panes, los castores
3. el resumen – los resúmenes

Vokabelhilfe zu S. 79:

el camino (Weg)
la planta (Pflanze)
el arbusto (Strauch)
la flor (Blume; Blüte)
el edificio (Gebäude)
la granja (Bauernhof)
el rascacielos (Hochhaus)
rascar (kratzen)
la torre (Turm)

Lösungen zu S. 79:

4. los caminos
   las vías
   unos árboles (ein paar ...)
   unas plantas (ein paar ...)
   estos arbustos
   estas flores
   esos edificios
   esas granjas
   aquellos rascacielos
   aquellas torres

Die Formen des bestimmten Artikels kennst du bereits. Versuche, entsprechend die Pluralformen der übrigen Substantivbegleiter herzuleiten.

TIPP:
Alle Substantivbegleiter im Plural enden auf -os *bzw.* -as. *Wie die Singularformen tragen auch die Pluralformen nie eine Tilde.*

4. *Bilde die Pluralformen:*

el camino

la vía

un árbol

una planta

este arbusto

esta flor

ese edificio

esa granja

aquel rascacielos

aquella torre

TIPP:
Ganz regelmäßige Plurale bilden die Possessivbegleiter: mis plantas, tus flores, sus caminos, nuestros edificios, vuestras granjas, sus torres.

Das hast du gelernt:
Die Substantive des Spanischen erhalten meist ein -s *im Plural. Manchmal schiebt sich vor dieses* Plural-s *noch der* Vokal e, *damit das Wort gut ausgesprochen werden kann. Bei der Rechtschreibung muss man auf* Tilden *und* -c- (aus -z) *achten.*
An Wörter mit Betonung auf der zweit- oder drittletzten Silbe, die auf -s *enden, wird* kein weiteres -s *angehängt. Sie bleiben also im Plural unverändert.*
Die Substantivbegleiter enden im Plural immer auf -os *bzw.* -as. *Die Singularform* aquel *ist orthographisch eine Ausnahme in der Serie* aquella, aquellos, aquellas.

TEST

Vokabelhilfe und Lösungen zu S. 80:

1. (1) el corral (Hühnerhof)
   (2) el gallinero (Hühnerstall)
   (3) el huerto (Gemüsegarten)
   (4) la casa (Wohnhaus)
   (5) el árbol frutal (Obstbaum)
   (6) el silo (Hochsilo)
   (7) el establo (Kuhstall)
   (8) el granero (Scheune)
   (9) el henil (Heuboden)
   (10) el prado (Weideland)
   (11) la pradera (Wiese)
   (a) la gallina (Henne)
   (b) el pollito (Küken)
   (c) el gallo (Hahn)
   (d) el pato (Ente)
   (e) el ganso (Gans)
   (f) el pavo (Truthahn)
   (g) la cabra (Ziege)
   (h) el cordero (Lamm)
   (i) la oveja (Schaf)
   (j) la vaca (Kuh)
   (k) el ternero (Kalb)
   (l) el buey (Ochse)
   (m) la cerda (Sau)
   (n) el cerdo (Schwein; Eber)

Lösungen zu S. 81:

1. un problema grande
   un gran problema
   una gran excepción
   una excepción grande
   el día primero
   el primer día
   el día tercero
   el tercer día
   un día malo
   un mal día
   este amigo bueno
   este buen amigo

Una granja y sus animales

1. *Überprüfung Wortschatz:*
Los Romeros poseen esta granja en la España verde.
¿Conoces los nombres de los animales?

( ) el buey	( ) el pollito	( ) la oveja	( ) la vaca
( ) la cerda	( ) el pavo	( ) la cabra	( ) el ternero
( ) el gallo	( ) la gallina	( ) el cordero	( ) el cerdo
( ) el ganso	( ) el pato		

Die Adjektive sind, wie die Substantive, veränderlich nach Genus und Numerus. Im Genus gelten eigene Regeln zur Unterscheidung zwischen Maskulin und Feminin. Für die Bildung des Plurals sind die Regeln für Substantive und Adjektive identisch. Adjektive in Verbindung mit einem Substantiv sind diesem in Genus und Numerus angepasst und meist nachgestellt. Nur kurze und geläufige Adjektive können vor dem Substantiv stehen.

1. *Durch die Stellung vor dem Substantiv erhalten die folgenden Adjektive eine besondere Form. Ergänze die fehlenden Adjektive vor und nach dem Substantiv.*

gran:
immer vor dem maskulinen oder femininen Substantiv Singular!

gran	un problema ______ **un** ______ **problema** **una** ______ **excepción** una excepción ______	grande

primer – tercer – mal – buen:
immer nur vor dem maskulinen Substantiv Singular!

primer	el día ______ **el** ______ **día**	primero

tercer	el día ______ **el** ______ **día**	tercero

mal	un día ______ **un** ______ **día**	malo

buen	este amigo ______ **este** ______ **amigo**	bueno

Jetzt beschäftigen wir uns mit den regelmäßigen Formen: Unterscheiden sich immer maskuline und feminine Form?
Die Adjektive sind hier in drei Gruppen geordnet:
- Unterscheidung durch -o/-a
- Wortbildungen mit femininer Endung -a
- Adjektive ohne formale Maskulin-/Feminindifferenzierung.

2. *Finde zu den maskulinen Substantiven die femininen Entsprechungen. Benutze dazu das bisher erarbeitete Vokabular männlicher/weiblicher Wesen bzw. passender femininer Substantive aus den Wortfeldern. Kombiniere die vorgegebenen Adjektive mit den Substantiven!*

Maskulin -o → Feminin -a:

un cabrón blanco

un gallo orgulloso

Wortbildungen: Allen entsprechenden Feminina wird ein -a angehängt:

un gallo encantador

un cerdo gordón

el perro chiquitín

el campesino francés

un buey español

un chico musulmán

el edificio grandote

Maskuline und feminines Adjektiv haben die gleiche Form:

un hombre pobre

un pensamiento marxista

el empleado belga

el pantalón azul

un pueblo marroquí

el nieto mayor

Das hast du gelernt:
Die meisten Adjektive unterscheiden durch die Endungen -o bzw. -a Maskulinum und Femininum und werden so an Substantive angepasst. Eine Reihe von Adjektiven hat nur eine einzige Form für Maskulinum und Femininum. Sonderfälle bieten manche Adjektive wegen ihrer Kurzform.

Vokabelhilfe zu S. 82:

gordón, -ona (fett)
chiquitín, -ina (sehr klein)
francés, -esa (französisch)
musulmán, -ana (muslimisch)
grandote (riesengroß, enorm)
marxista (marxistisch)
el pensamiento (Denken)
el empleado (Angestellter)
la falda (Rock)
la ropa (Kleidung)
mayor ((größer, älter; hier: älteste(r))

Lösungen zu S. 82:

2. una cabra blanca
   una gallina orgullosa
   una gallina encantadora
   una cerda gordona
   la perra chiquitina
   la campesina francesa
   una vaca española
   una chica musulmana
   la casa / la torre grandota
   una mujer pobre
   una idea marxista
   la empleada belga
   la falda / la ropa azul
   una ciudad marroquí
   la nieta mayor

Lösungen zu S. 83:

1. un hombre bueno/malo
   una persona alta
   parecen caros
   una respuesta pronta
   está dura
   somos demasiados
   son regulares
2. francas
   frecuentes
   frecuentemente
   abrazos cordiales
   cordialmente
   rápidos
   rápidamente

Die Adverbien ergänzen inhaltlich Verben, Adjektive oder Adverbien. Formal unterscheiden sie sich in zwei Gruppen: Sonderformen und regelmäßig abgeleitete Adverbien.

TIPP:

Sonderformen muss man lernen! *Sie sind entweder eigene Formen oder einfach identisch mit der Adjektivform Maskulinum Singular:*

- estar bien – estar mal
- hablar alto – hablar bajo
- trabajar duro/demasiado/regular
- vender caro – vender barato
- llegar pronto – llegar tarde

1. *Ergänze die Sätze mit den Adjektiven zu den Adverbien im Tipp:*

Pepe es un hombre ______ . La persona es ______ .

Los pantalones parecen ______ . Da una respuesta ______ .

La carne está ______ . En este grupo somos ______ .

Las formas son ______ .

Regelmäßige Adverbien, z. B. *francamente*, sind formal ein einziges Wort, aber klar zusammengesetzt aus der **femininen Singularform des *Adjektivs*** *(franca)* + **mente**. Die beiden Teile behalten ihre ursprüngliche Betonung und Rechtschreibung. In Aufzählungen verhalten sie sich wie selbstständige Adjektive: *Escribe larga y detalladamente.*

2. *Adjektiv oder Adverb? Übe dich in diesen Formen! Wähle das passende Wort:*

franco – frecuente – cordial – rápido

Ana y Benjamín son personas ______ . Te lo digo francamente. Las nieblas son ______ en esta zona. Llueve ______ en esta región. Os despedís con abrazos ______ . Os saludamos ______ . Los AVE son mucho más ______ que los expresos. Corremos ______ .

Das hast du gelernt:
Die regelmäßigen Adverbien auf -mente *setzen sich zusammen aus dem* femininen Singularadjektiv + mente.

Vokabelhilfe zu S. 83:

estar bien/mal (gut/schlecht gehen, sein)
hablar alto/bajo (laut/leise sprechen)
vender caro/barato (teuer/billig verkaufen)
llegar pronto (bald, früh ankommen)
trabajar
duro (hart arbeiten)
demasiado (zu viel)
regular (normal)
alto, a (hoch, groß)
bajo, a (niedrig, klein)
pronto, a (schnell, rechtzeitig)
tarde ((zu) spät)
duro (hart; zäh)
regular (regelmäßig)
franco (aufrichtig)
la mente (Denken, Verstand)
frecuente (häufig)
cordial (herzlich)

TEST

España

Si comparamos España _____ (*geográfico*) con los EE.UU. es un país _____ (*pequeño*). Si la comparamos con Suiza o Bélgica, España nos parece _____ (*grande*). Si comparamos _____ (*histórico*) España con otras naciones _____ (*europeo*) podemos _____ (*claro*) ver que España _____ (*tener*) una historia _____ y _____ (*rico y multicultural*). Es un conglomerado de raíces _____ (*fenicio, griego y romano*) y además _____ (*árabe*). Ya no sabemos _____ (*exacto*) la raïz _____ (*cultural y lingüístico*) de la parte _____ (*vasco*).

La España de hoy es _____ y _____ (*político y sociológico*) moderna: El Reino de España _____ (*comenzar*) a nacer después de la Dictadura: En 1975 _____ (*morir*) Franco y la vida _____ (*político español*) se modifica _____ (*profundo*). El Rey _____ (*actual*) se llama Juan Carlos. La Reina Sofía es de origen una princesa _____ (*griego*). El matrimonio _____ (*real*) tiene dos hijas y un hijo, Felipe, que es el príncipe _____ (*heredero*). Además del Rey como Jefe del Estado España tiene un parlamento que se llama Las Cortes. Todos los españoles _____ (*elegir*) el Parlamento, y éste elige a su _____ (*primero*) ministro que se llama Presidente del Estado. Éste escoge a las ministras y los ministros. Todos _____ (*junto*) forman el Gobierno. España no es un Estado _____ (*central*); está _____ (*dividido*) _____ (*claro*) en diecisiete (17) Regiones Autónomas. Además existe variedad _____ (*lingüístico*) por la existencia de cuatro idiomas _____ (*oficial*): el gallego, el catalán, el euskadi o vasco y el castellano como lengua _____ (*universal*). Viajando por España encuentras todo: La España _____ y _____ (*rural y tradicional*) y la España _____ (*moderno y avanzado*).

Vokabelhilfe zu S. 84:

comparar (vergleichen)
Suiza (Schweiz)
Bélgica (Belgien)
el conglomerado (Konglomerat)
profundo (tief)
real (königlich)
heredero (Erb-)
dividido (aufgeteilt)
la variedad (Vielfalt)
la Región Autónoma = la Autonomía (entspricht: Bundesland)
rural (ländlich)
avanzado (fortschrittlich)

Lösungen zu S. 84:

geográficamente / pequeño / grande / históricamente / europeas / claramente / tiene / rica y multicultural / fenicias, griegas y romanas / árabes / exactamente / cultural y lingüística / vasca / política y sociológicamente / comienza / muere / política española / profundamente / actual / griega / real / heredero / eligen / primer / juntos / central / dividida claramente / lingüística / oficiales / universal / rural y tradicional / moderna y avanzada

Lösungen zu S. 85:

1. yo
   tú
   él/contento
   ella/contenta
   nosotros
   nosotras/contentas
   vosotros/vivís/parecéis contentos
   vosotras/vivís/parecéis contentas
   ellos/viven/parecen contentos
   ellas/viven/parecen contentas
   ustedes/viven/parecen contentos/contentas

Die Struktur des spanischen Satzes ist ähnlich wie im Deutschen: Du hast Freiheiten, gewisse Satzteile nach dem Satzrhythmus auszurichten. Dazu gehört Sprachgefühl, das du dir im Lauf des Umgangs mit spanischen Texten aneignest. Beachte also, dass im Spanischen, wie auch im Deutschen, z. B. möglich ist

A las siete de la tarde llega mi amiga en bus desde Santander.
Mi amiga llega a las siete de la tarde en bus desde Santander.
Mi amiga llega en bus desde Santander a las siete de la tarde.

Hier beschäftigen wir uns mit der Grundstruktur des spanischen Satzes und beschränken uns auf die Kerneinheiten *Subjekt* und *Objekte.*

Das **Subjekt** wird im spanischen Satz häufig nicht explizit genannt, da es durch die Endung des Verbs identifiziert ist. Als Pronomen wird es nur gesetzt zur Hervorhebung oder Verdeutlichung: *Canta. ¿Quién canta? ¿Él, ella o usted?*

1. *Setze die dir bekannten Nominativ-Pronomina ein:*

Singular			vivo; parezco contento/contenta.
			vives; pareces contento/contenta.
	mask.		vive; parece
	fem.		vive; parece
	Sie	usted	vive; parece contento/contenta.
Plural	mask.		vivimos; parecemos contentos.
	fem.		vivimos; parecemos
	mask.		v
	fem.		v
	mask.		v
	fem.		v
	Sie		v

Das hast du gelernt:

Auch das Spanische hat Personalpronomina; sie werden allerdings selten gebraucht. Das Pronomen usted *fordert die Verbform in der 3.Person Singular. Beim prädikativen Adjektiv wird hier das Genus content**o** (mask. Sing.) oder content**a** (fem. Sing.) unterschieden. Werden mehrere Personen gesiezt, so heißt das Pronomen ustedes. Sind hier nur weibliche Personen angesprochen, so ist das prädikative Adjektiv immer content**as** (fem. Plur.). Ganz parallel dazu haben wir für* wir *und* ihr, *wenn nur feminine Substantive gemeint sind, die femininen Pluralformen nosotr**as** und vosotr**as**. Sind in Pluralgruppen Männer <u>und</u> Frauen vertreten, so werden sie als maskulines Genus (nosotr**os**/vosotr**os**) behandelt.*

2. *Teile die folgenden Sätze in ihre Einheiten: Subjekt/Prädikat/Objekt(e)*
La señora regala un sombrero a su abuela.
José da una flor a su novia.

Subjekt: ______ Prädikat: ______

Akkusativ-Objekt: ______ Dativ-Objekt: ______

TIPP:

Vor dem Dativ-Objekt (complemento indirecto) *steht immer die* Präposition a. *Die Substantive kannst du ersetzen durch die Dativ-Pronomina:*
le (maskulin/feminin Singular)
les (maskulin/feminin Plural).
Das Pronomen steht immer vor dem konjugierten Verb!

3. *Ersetze die folgenden Dativ-Objekte durch die Pronomina:*

Ofrecemos la Cola a Carlos. ______

Presento mis notas a mis padres. ______

Cuenta la historia a la nieta. ______

Dicen la verdad a las tías. ______

TIPP:

Vor dem Akkusativ-Objekt, *das Dinge oder unbestimmte Personen bezeichnet, oder das dem Verb tener folgt, steht keine Präposition.*
Die Substantive kannst du ersetzen durch die Akkusativ-Pronomina:
lo (maskulin Singular) und **la** (feminin Singular)
los (maskulin Plural) und **las** (feminin Plural)

4. *Ersetze die folgenden Akkusativ-Objekte durch die Pronomina:*

Ofrecemos el libro a Carlos. ______

Presento mis notas a mis padres. ______

Cuenta la historia a la nieta. ______

Dicen la verdad a las tías. ______

Tienen muchos amigos en Madrid. ______

Ven la ciudad. ______

Admiramos la buena reacción de Alina. ______

Lösungen zu S. 86:

2. Subjekt: La señora/José
   Prädikat: regala/da
   Akk.: un sombrero/una flor
   Dat.: a su abuela/a su novia
3. Le ofrecemos la Cola.
   Les presento mis notas.
   Le cuenta la historia.
   Les dicen la verdad.
4. Lo ofrecemos a Carlos.
   Las presento a mis padres.
   La cuenta a la nieta.
   La dicen a las tías.
   Los tienen en Madrid.
   La ven.
   La admiramos.

Lösungen zu S. 87:

5. Lo saludamos.
   La presento a mis padres.
   Lo ayudan. (ayudar + Akk.!)
   Las queréis.
   Los invitan.
   Los ven.
   La admiras.
6. lo
   se lo (se *statt* le!)
   les
   se las (se *statt* les!)
   lo
   le
   se lo (se *statt* le!)
   se la (se *statt* les!)

TIPP:
Vor dem Akkusativ-Objekt, das bestimmte Personen oder Personengruppen bezeichnet, steht immer die Präposition a.

5. *Ersetze die folgenden Akkusativ-Objekte durch die Pronomina. Achtung: Auch wenn die Präposition a steht, kann sich hier ein Akkusativ-Objekt verbergen.*

Saludamos a Carlos. ______

Presento a mi novia a mis padres. ______

Ayudan al nieto. ______

Queréis a las tías. ______

Invitan a sus amigos madrileños. ______

Ven a sus profesores del colegio. ______

Admiras a Alina. ______

TIPP:
Der Spanier ersetzt bei Personen häufig lo *durch* le *und* los *durch* les, *wenn eine männliche Person direkt angesprochen wird. Merke dir z. B. diesen Briefschluss:* Estimado señor ... Le saludo atentamente. *Bzw. im Plural:* Estimados señores ... Les saludamos atentamente.

Natürlich kannst du **Akkusativ- und Dativ-Pronomen** auch kombinieren. Dann gelten die Regeln:
- Das indirekte Objekt steht vor dem direkten Objekt (Höflichkeit: Person vor Sache).
- Stelle nie zwei Pronomina, die mit dem Laut l- beginnen, nebeneinander. Ersetze das erste durch **se**!

6. *Ersetze immer das unterstrichene Objekt.*

Ofrecemos el libro a Carlos > ______ ofrecemos a Carlos.

> ______ ______ ofrecemos.

Presento mis notas a mis padres. > ______ presento mis notas.

> ______ presento.

Cuenta el cuento a la nieta. > ______ cuenta a la nieta.

Cuenta el cuento a la nieta. > ______ cuenta el cuento.

Cuenta el cuento a la nieta. > ______ ______ cuenta.

Dicen la verdad a las tías. > ______ ______ dicen.

TEST

Vokabelhilfe zu S. 88:

al lado de (neben)
a la izquierda de (links von)
a la derecha de (rechts von)
dentro de (innerhalb)
en (in)
sobre (auf)
debajo de (unter)
detrás de (hinter)
delante de (vor)

Lösungen zu S. 88:

1. Dentro/En
   Al lado
   Sobre
   Debajo
   Detrás
   Delante
2. con él/con ella/con usted
   para nosotros/para nosotras
   para vosotros/para vosotras
   por ellos/por ellas/por ustedes

Vokabelhilfe zu S. 89:

antes de (vor)
durante (während)
después de (nach)
dentro de (innerhalb)
en (in)
hasta (bis)
acabar (beenden)

Lösungen zu S. 89:

1. Antes
   Durante
   Dentro /en
   Después
   Hasta
2. Por
   a las
   A
   A la
   A las
   a las
   por
3. por la noche
   por la mañana
   por la tarde

Pronomina nach Präposition

Erinnerst du dich an die wichtigsten Präpositionen des Raumes?

	detrás de	
	sobre en	
al lado de a la izquierda de	dentro de en	al lado de a la derecha de
	debajo de	
	delante de	

1. *Ersetze die fehlenden Präpositionen.*

______ de la casa/ ______ la casa está toda la familia.
______ de la mesa hay sillas.
______ la mesa está todo para la cena.
______ de la mesa está el perro Quero.
______ de la mesa está el televisor.
______ de la mesa estás tú mirándolo todo.

2. *Ergänze die fehlenden Präpositionen und Pronomina.*

Quiero comer. La comida es	para mí.
¿Quieres cenar? Hay cena	para ti.
Va al cine. Queremos ir	
Nos regala chocolate. El chocolate es	
Os presenta su regalo. El regalo es	
Piden taxi. El taxi llega	

TIPP:
Als Ausnahmen solltest du dir merken: conmigo (mit mir), contigo (mit dir).

Das hast du gelernt:
Durch deine Übungen hast du gezeigt, dass du grundsätzlich die Struktur des spanischen Satzes beherrschst. Du kannst die direkten (Akkusativ-) und indirekten (Dativ-)Objekte bilden und weißt, dass der Akkusativ, wenn bestimmte Personen bezeichnet werden, wegen der Präposition a besondere Aufmerksamkeit erfordert. Du kannst in jeder Position im Satz die Substantive durch die entsprechenden Pronomina ersetzen.

ORIENTIERUNG IN DER ZEIT:
PRÄPOSITIONEN DER ZEIT

KAPITEL 15

1. *Ergänze die fehlenden Präpositionen.*

antes de – durante – después de – dentro de – en – hasta

_____ de la cena Carlos vuelve del colegio.

_____ la cena toda la familia ve la tele.

_____ de/ _____ dos horas Carlos acaba su tarea

_____ de la cena Carlos sale para la discoteca „Luna".

_____ las tres de la mañana se queda en la „Luna".

2. *Setze die passende Präposition – und manchmal sogar mehr – ein.*

a – por

_____ la noche Carlos no quiere pensar en el colegio ni quedarse en casa.

La „Luna" abre _____ _____ once de la noche.

_____ medianoche todos los amigos están en la „Luna".

_____ _____ una de la noche todos toman tapas.

_____ _____ cinco y media cierra la „Luna".

Carlos está en casa _____ _____ seis menos cuarto.

Duerme como un tronco _____ toda la mañana.

TIPP:
Die Präposition por *bezeichnet einen Zeitraum.*

3. *Übersetze:*

nachts

morgens

nachmittags

TIPP:
Die Präposition a bezeichnet den Zeitpunkt. Alle Uhrzeiten werden mit a gebildet.

4. *Übersetze.*

Um Mitternacht

Mittags um 12.00 Uhr

TIPP:
1 Uhr ist Singular: Es la una.
Alle anderen Uhrzeiten sind Plural: Son las dos, las tres, ... las once, las doce.

Zur Angabe der genauen Zeit orientiert sich der Spanier von der vollen Stunde aus so:

la media hora

el cuarto

Vor der nächsten vollen Stunde werden abgezogen – die Minuten: *menos veintinueve, menos cinco, menos uno* – die Viertelstunde: *menos cuarto*	Bis zur nächsten halben Stunde werden zur letzten vollen Stunde addiert – die Minuten: *y uno, dos, veinte ...* – die Viertelstunde: *y cuarto* – die halbe Stunde: *y media*

5. *Schreibe die Uhrzeiten auf Spanisch. Falls du dich nicht mehr an die Zahlen erinnerst, schlage auf Seite 95 nach.*

Um 1.30 Uhr

Um 3.40 Uhr

Um 3.15 Uhr

Um 7.21 Uhr

Um 4.55 Uhr

Um 1.45 Uhr

Genau um 6.00 Uhr.

Vokabelhilfe zu S. 90:

el cuarto (das Viertel, die Viertelstunde)
medio, a (halb)
en punto (genau, Punkt ...)

Lösungen zu S. 90:

4. A medianoche (< la media noche)
   A mediodía (< el medio día)
5. A la una y media
   A las cuatro menos veinte
   A las tres y cuarto
   A las siete y veintiuno
   A las cinco menos cinco
   A las dos menos cuarto
   A las seis en punto

VERBALE FORMEN RUND UM DIE GEGENWART

Die Gegenwart, das Hier und Jetzt, wird durch das *Presente* ausgedrückt, das du in OKIDOKI bereits gelernt hast. Diesen Zeitraum der Gegenwart grenzt der Spanier ab gegenüber abgeschlossener Vergangenheit und Zukunft, die du erst später lernen wirst.

Vergangenheit	< < < < erlebte Gegenwart > > > >	Zukunft
canté	**canto**	cantaré

In der Gegenwart gibt es Handlungen, die man soeben beendet hat oder gleich machen wird: Stelle dir vor, dass die Handlungen sich fast berühren: Der Spanier drückt sie aus mit Hilfe der Verben *acabar de (beenden etwas zu tun = gerade etwas getan haben)* und *ir a (gehen, um etwas zu tun = gleich etwas tun)*

Vergangenheit	< < < < erlebte Gegenwart > > > >			Zukunft
	acabo de trabajar	**canto**	voy a dar paseo	

Nun gibt es Handlungen, die zwar abgeschlossen sind, aber noch in die Gegenwart nachwirken. Alle diese Handlungen sieht der Spanier nicht im Bereich der *Vergangenheit*, sondern mit der sprachlichen Welt der *Gegenwart* verbunden. Er wählt dafür das Tempus *Perfecto compuesto.*

Vergangenheit	< < < < erlebte Gegenwart > > > >			Zukunft
	acabo de trabajar	**canto**	voy a dar paseo	

he estudiado
has estudiado
ha estudiado
hemos estudiado
habéis estudiado
han estudiado

Das Perfecto compuesto wird gebildet aus
haber + Partizip Perfekt
amar > **he amado**
querer > **he querido**
vivir > **he vivido**

TIPP:

Das Perfecto compuesto *wird immer gebildet mit dem Hilfsverb (Auxiliarverb)* haber: He estudiado = Ich habe gelernt. Merke: Ich bin gegangen = He ido. Haber *steht immer zusammen mit dem Partizip Perfekt. Diese Komination musst du, anders als im Deutschen, als Einheit betrachten, die durch nichts unterbrochen werden darf:* Esta tarde he estudiado mucho. = Ich habe heute Nachmittag viel studiert/gelernt. *Das Auxiliarverb* haber *unterscheidest du klar vom Verb* tener = besitzen, haben.

TIPP:

Das Partizip Perfekt bildest du ganz einfach. Du gehst vom Infinitiv aus:

-ar > -ado
tomar > tomado

-er } -ido
-ir }

beber > bebido
vivir > vivido

Nur wenige Partizipien des Perfekts sind unregelmäßig: Merke dir ein paar:

ver	*> he visto*
volver	*> ha vuelto*
romper	*> habéis roto*
hacer	*> he hecho*
abrir	*> has abierto*
escribir	*> hemos escrito*
morir	*> han muerto*

Das hast du gelernt:

Im Gebäude der Gegenwart kannst du im Präsens sprechen, aber auch unterscheiden, was soeben getan wurde (acabar de ...), *oder was vorher beendet worden ist, aber immer noch Auswirkung auf die Gegenwart hat* (haber bebido). *Weiterhin drückst du mit* voy a ... *aus, was du gleich tun wirst.*

1. *Welche Formen passen?* Perfecto compuesto, acabar de ..., Presente, Gerundio, ir a, ...? *Denke auch an die Präpositionen!*

Una familia especial

___ las ocho de la tarde Gregorio ___ (estar) en ___ (malo) estado: No ___ (saber) qué ___ (tener). Su cabeza ___ (doler). „___ (tomar) una cerveza y tapas, pero un poco de alcohol nunca me ___ (dañar)“ ___ (pensar) „Puede ser que ___ (trabajar) demasiado. ___ (acostarme) pronto.“ En este momento ___ (llegar) su mujer: „¡Gregorio! Mira ___ los niños: ¡Qué barbaridad! ___ (tener) fiebre alta, ¡___ (ver) 38,5 grados! Ay, hombre, ¿por qué ___ (estar) tu cabeza tan roja? ¿Qué te ___ (pasar)?“ Gregorio no ___ (poder) responder. ___ lágrimas en sus ojos, ___ (parecer) enfermo. „¡Jesús!“ ___ (decir) la madre „Toda la familia ___ (coger) la gripe. ___ (pasar) un fin de semana especial.“

Lösungen zu S. 92:

1. A
   está
   mal (kurz vor mask. Subst. Sg!)
   sabe
   tiene
   duele
   He tomado
   ha dañado
   piensa
   he trabajado
   Voy a acostarme
   llega/está llegando
   a
   Tienen
   he visto/acabo de ver
   está
   pasa
   puede
   Hay/Tiene
   parece
   dice
   ha cogido
   Vamos a pasar

Lösungen zu S. 93:

1. está/lo ha visto/está frustrada/están/tienen/han cogido/están llorando/necesita
2. no está enfermo/no está muy frustrada/no están enfermos/tampoco/No tienen/no han cogido/No están llorando/No necesita
3. no me impresiona nada/no me habla ninguno/no tengo amigos nunca

VERNEINUNG

Im Spanischen können wir die Verneinung ausdrücken durch die Partikel *no* oder durch negative Pronomina oder Adverbien wie z. B. *nadie, nada, ninguno/ninguna, nunca, tampoco.*

TIPP:

No *verneint das Prädikat und steht immer vor dem konjugierten Verb. Geht diesem ein Objekt-Pronomen voraus, steht* no *unmittelbar davor.*

Regalo a Juan un libro. > **No** regalo a Juan un libro.

Se lo regalo. > **No** se lo regalo.

1. *Unterstreiche in folgendem Text die konjugierten Verben, falls vorhanden auch die vorangehenden Pronomina.*

Gregorio está enfermo. Su mujer Alina lo ha visto enseguida. Ahora está muy frustrada porque los hijos están enfermos también. Tienen fiebre alta porque han cogido la gripe. Están llorando. La pobre Alina necesita muchas fuerzas para atender a todos sus pacientes.

2. *Schreibe den Text sinnvoll neu: Fülle die Lücken durch verneinte Verben. Beachte: Das positive* también *wird in verneinten Sätzen durch* tampoco *ersetzt.*

Gregorio ________. Su mujer Alina lo ha visto enseguida. Ahora ________ Los hijos ________ ________ tam________. ________ fiebre alta porque ________ ________ la gripe. ________. Alina está contenta. ________ fuerzas para atender a su familia. Ahora puede hacer las maletas: Comienzan las vacaciones escolares.

3. *Ergänze:*

No me impresiona ________. / ________ me habla ________. / ________ tengo amigos ________.

TIPP:

Nadie, nada, ninguno/ninguna, nunca *kann die Stelle von* ***no*** *einnehmen:*

Nadie viene. Nada me impresiona. Ninguno me habla. Nunca tengo amigos.

Du kannst diese Negativ-Wörter auch hinter das Prädikat stellen, dann musst du vor dem konjugierten Verb ein no *einfügen:* No viene nadie.

KAPITEL 16

Vokabelhilfe zu S. 92:

especial (speziell)
el estado (Zustand)
saber (wissen)
doler(duele) (schmerzen)
una cerveza (Bier)
las tapas (Häppchen)
el alcohol (Alkohol)
dañar (schaden)
demasiado (zu viel)
acostarse (sich hinlegen)
¡Qué barbaridad! (Wie schrecklich!)
la fiebre alta (das hohe Fieber)
38,5 (treinta y ocho coma cinco)
el grado (Grad)
¿Qué te pasa? (Was ist mit dir los?)
la lágrima (Träne)
el ojo (Auge)
la gripe (Grippe)

Vokabelhilfe zu S. 93:

nadie (niemand)
nada (nichts)
ninguno/ninguna (keiner/keine)
nunca (niemals)
tampoco (auch nicht)
coger la gripe (Grippe erwischen)
atender (pflegen)
el paciente (Patient)
la maleta (Koffer)
las vacaciones (Ferien)
escolar (Schul-)
impresionar (beeindrucken)

TEST

Vokabelhilfe zu S. 94:

acompañar (begleiten)
no pintar nada (nichts zu sagen haben, nicht von Bedeutung sein)
el lujo (Luxus)
tocar el gordo (den Hauptgewinn (in der Lotterie) ziehen)

Lösungen zu S. 94:

1. Wer nicht Granada gesehen hat, hat nichts gesehen. (Nichts Prächtigeres auf der Welt als Granada!)
   Er ist eine Null/Niete.
   Ein Mal ist kein Mal.
2. nada / nadie / nadie / nada / nada / nada / nadie / nada / nada / nadie / nada / nada / nada / nadie
3. no quiero viajar a la luna. / no lo quiero.
   No he visistado a mis abuelos / No los he visitado.
   No estamos cansados nunca. / Nunca estamos cansados.
   No vamos a acabar este juego. / No lo vamos a acabar. / No vamos a acabarlo.
   No acabo de hablar con Toni. / No acabo de hablar con él.
   No he tocado el gordo. / No lo he tocado.

Lösungen zu S. 95:

1. (31) treinta y un libros
   (71) setenta y un libros
   (101) ciento un libros
2. (300) trescientos / trescientas cartas
   (400) cuatrocientos – cuatrocientas
   (500) quinientos – quinientas
   (600) seiscientos – seiscientas
   (700) setecientos – setecientas
   (800) ochocientos – ochocientas
   (900) novecientos – novecientas

1. *Was bedeuten diese spanischen Wendungen? Erkennst du ihren Sinn?*

Quien no ha visto Granada, no ha visto nada

Es und don nadie.

Una vez al año no hace daño

2. Nada *oder* nadie? *Fülle die Lücken sinnvoll. Überlege dir dabei stets den Sinn des Satzes und worauf sich dein Negativ-Pronomen bezieht.*

TIPP:
Nadie *bezieht sich immer auf Personen,* nada *auf Dinge.*

Jose no tiene absolutamente ___, ni piso ni coche. Está solo, no lo acompaña ___. ¿Hay alguien aquí? No vemos a ___. ¿Ves algo aquí? ¿No ves ___ tampoco? ¿Puede prestarme un euro? – No, hombre, lo siento, no tengo dinero, ___. ¿Quieren ustedes algo más? – No, ___, vale. ¿Ha venido alguien esta tarde? – No, ___ ha venido. ¿Hay periódicos en este hotel? – No, ___ de esto. – Qué hotel raro. Nunca he visto ___ semejante. Este don ___ no pinta ___. ¿Has leído el último libro de Vargas Llosa? – No he leído ___ de este peruano. No entiendo ___ de literatura. Pues, ___ me comprende.

3. *Hier werden dir ein paar Fragen gestellt, auf die du mit einer Verneinung reagieren sollst. Achte auf die Stellung der Verneinungspartikel. Kannst du deine Antworten durch den Gebrauch von Pronomina eleganter formulieren? Versuche es!*

¿Quieres viajar a la luna? – No, ___

¿Has visitado a tus abuelos? ___

¿Siempre estáis cansados? ___

¿Vamos a acabar este juego? ___

¿Acabas de hablar con Toni? ___

Qué lujo. ¿Has tocado el gordo? ___

Viele Zahlen musst du einfach auswendig lernen. Wenn du die wichtigsten beherrschst, kannst du zusammengesetzte Zahlen leicht ableiten. Wir ordnen die Zahlen hier in Gruppen; dadurch kannst du leichter lernen und Fehler vermeiden.

TIPP:

Die zusammengesetzten spanischen Zahlen folgen sprachlich dem klaren Aufbau der arabischen Zahlen: Die höchste Zahl wird zuerst, die kleinste zuletzt ausgesprochen. Z. B. 22 = (20+2) veintidós *(aber Deutsch:* (2+20) zweiundzwanzig); 356 = trescientos cincuenta y seis (300/50+6)

Regel 1: 1 und alle größeren Zahlen, die auf 1 enden, passen sich dem unmittelbar folgenden Substantiv an: Uno wird zu un (wie Artikel!) abgekürzt. Die feminine Form ist immer una:
1: un libro – una carta;
21: veintiún (Tilde!) libros – veintiuna cartas.

1. *Ergänze die Zahlen.*

31 ______ libros – treinta y una cartas

71 ______ libros – setenta y una cartas

101 ______ libros – ciento una cartas

Regel 2: Auch ciento (100) wird vor dem Substantiv gekürzt: *Cien libros.* Eine dem Substantiv nachgestellte 1 ist immer die selbstständige Zahl, also kein Artikel: *Estamos en la linea uno. Es la página doscientos uno.* Ebenso: *Es el número ciento.*
Alle Hunderter (200–900) passen sich dem Substantiv an.
Diese Zahlen sind wie Adjektive zu behandeln:
200: doscientos libros – doscientas cartas;
201: doscientos un libros – doscientas una cartas.
Eine den Hundertern folgende Zahl wird **nie** durch y angeschlossen!

2. *Ergänze die Endungen bzw. die Zahlen.*

300 trescient___ libros – ______ cartas

400 ______ libros – cuatrocient___ cartas

500 quinient___ libros – ______ cartas

600 ______ libros – seiscient___ cartas

700 setecientos libros – setecient___ cartas

800 ochocient___ libros – ______ cartas

900 novecientos libros – ______ cartas

TIPP:

Merke dir diese Formen mit unterschiedlicher Wortbetonung: seteci**e**ntos, *aber* si**e**te *(7) mit Diphthong; ebenso 900 und 9.*

Regel 3: Die Zahlen 0, 2 bis 15, 1000 sind eigenständige Wörter und unveränderlich.

3. *Schreibe die Zahlen in Wörtern.*

3		11	
4		13	trece
6		14	catorce
7		15	quince
9		1000	

Regel 4: Die Zahlen von 16 bis 99 sind unveränderlich, haben aber eine logische Struktur: Den Zehnerzahlen folgen die Einer.
Von 16 bis 29 werden die Zahlen in einem Wort geschrieben, verbunden durch ein i (= und):
16 = dieciséis (Tilde!); 25 = veinticinco; 29 = veintinueve.

Von 31 bis 99 werden die Zahlen in einzelnen Wörtern geschrieben.
Das y (= und) steht zwischen dem Zehner und Einer:
31 = treinta y uno; 42 = cuarenta y dos; 99 = noventa y nueve.

4. *Schreibe die Zahlen.*

17		23	
18		26	
19		53	
20	veinte	64	
21		75	
22		86	

Das hast du gelernt:
Du hast die Zahlen systematisch erfasst. Obwohl hier nicht alle einzelnen Zahlen aufgelistet sind, kannst du sie logisch und fehlerfrei erschließen.

Lösungen zu S. 96

3. (3) tres / (4) cuatro / (6) seis / (7) siete / (9) nueve / (11) once / (1000) mil
4. (17) diecisiete
(18) dieciocho
(19) diecinueve
(21) veintiuno
(22) veintidós (Tilde!)
(23) veintitrés (Tilde!)
(26) veintséis (Tilde!)
(53) cincuenta y tres
(64) sesenta y cuatro
(75) setenta y cinco
(86) ochenta y seis